Kochen mit Kräutern, würzig und aromatisch

Es gibt Gerichte, die ohne Kräuter undenkbar wären, wie Grüne Sauce oder Taboulé-Salat. Nicht zu vergessen die Schmorgerichte, denen eine dicke Kräuterhaube erst Duft und Würze verleihen. Kräuter haben auch in der Alltagsküche einen festen Platz. Sie geben einfachen Gerichten ohne großen Aufwand den entscheidenden Pfiff. Das beweisen viele berühmte Rezepte aus den Ländern, in denen traditionell kräuterwürzig gekocht wird.

Die Farbfotos gestalteten Odette Teubner und Dorothee Gödert.

INHALT

Frische Kräuter geben jedem Gericht erst den richtigen Pfiff. Und die meisten können Sie sogar auf der Fensterbank ziehen.

Kräuter haben Tradition

Es gehörte einfach dazu: Wurde früher ein großer, fester Salatkopf aus dem Garten geholt, so schnitt Großmutter auch gleich ein dickes Bündel Kräuter vom Kräuterbeet: Petersilie, Schnittlauch, Dill, Pimpinelle, Borretsch. Und während die Salatblätter im Sieb abtropften, wurden die Kräuterblättchen abgezupft und fein gehackt, in der Salatschüssel mit winzigen Zwiebelwürfelchen, Essig, Salz, Pfeffer und Öl verrührt, und zuletzt wurden die Salatblätter untergemischt. Wurde ein Huhn gebraten, dann kamen Kräuter in die Füllung aus gehackten Innereien und eingeweichten Brötchen: Petersilie, kurz in heißem Fett geschwenkt, Majoran und etwas »Maggikraut«, wie oft Liebstöckel genannt wird. Aber die reinste Kräuterorgie war natürlich im Frühjahr die »Grüne Sauce«, manchmal auch »Frankfurter Grüne Sauce« genannt.
Viele Sorten waren es nicht, die damals auf Kräuterbeeten wuchsen. Die meisten sind schon aufgezählt, dazu kamen Sauerampfer (für Frühlingssuppe und Grüne Sauce), Bohnenkraut (für alle Hülsenfruchtgerichte) und vielleicht noch die Triebe der Knoblauchknollen, wenn man sie als »Kraut« ansieht. Damals wurde jedes Kräutlein für ganz bestimmte Zubereitungen einzeln oder in Kombination verwendet. Uns kommt das vielleicht eintönig vor, wir sind gewöhnt, Kräuter vielfältig und in immer gewagteren Kombinationen an die Gerichte zu geben.

Kräuter wirken auf Körperfunktionen

Andererseits steckte in der Beschränkung ein uraltes Wissen, wie und wofür die Kräuter würzen und nutzen. Man muß gar nicht gleich an die »Apotheke im Garten« denken. Aber viele Kräuter haben bestimmte Wirkungen auf unseren Körper: Sie lassen uns »das Wasser im Mund zusammenlaufen«, regen also den Speichelfluß an, wirken im Magen, steigern die Leistung von Galle und Bauchspeicheldrüse und helfen gegen Darmbeschwerden.

Viele wirken im ganzen Körper, beispielsweise befreiend und schleimlösend bei Erkältungen. Es wäre aber nicht sinnvoll, bei Schnupfen eine Überdosis Thymian ins Essen zu tun. Das ist nicht Aufgabe der Kräuterküche, sondern der Naturheilkunde. Doch wer ein wenig mehr weiß über die Kräuter, der kann sie bewußter zum Würzen einsetzen und auch gezielt bestimmte Wirkungen erreichen. Zum Beispiel ist das Basilikum ein appetit- und verdauungsförderndes Kraut. Deshalb ißt man in Kampanien Tomaten mit Mozzarella und viel Basilikum als Vorspeise, was wir begeistert aufgenommen haben. Gerade an alten, traditionellen Gerichten kann man gut erkennen, wie das Wissen über die Wirkung der Kräuter von Kräuterweibern und Klostergärten Eingang in die Kochgewohnheiten des Volkes fand.

Würzkraut – Heilkraut

Seit Urzeiten werden Kräuter von Menschen als Heilmittel verwendet. Schließlich gab es früher keine chemischen Fabriken, die Tabletten produzierten. Bis ins 18. Jahrhundert bediente man sich vorwiegend der Kräuter und Auszüge daraus, um Krankheiten zu kurieren. Erst dann trat, sozusagen mit der Entdeckung der Chemie, das Interesse an mineralischen Substanzen, an Salzen und im Labor erzeugten Verbindungen in den Vordergrund. Allerdings muß man auch sehen, daß erst damit die Behandlung der großen und gefährlichen Seuchen, die immer wieder über die Menschen hereinbrachen, von Erfolg gekrönt war. Inzwischen gibt es gegen die meisten Krankheiten ein Chemotherapeutikum, das gezielt bei akuter Gefahr eingesetzt werden kann. Nun besinnt man sich wieder mehr auf einen anderen Aspekt der Gesundheit: Sich wirklich wohlfühlen, frei von Beschwerden im eigentlichen Wortsinn zu sein. Damit werden auch die Kräuter wieder entdeckt und gegen leichtere Krankheiten und Infektionen eingesetzt. Allerdings: Bei synthetischen Arzneien wirkt eine höhere Dosis stärker, bei Kräutern ist dies oft nicht der Fall, eher können sich andere Wirkungen zeigen, Kopfschmerzen zum Beispiel. Doch das heißt nicht, daß Kräuter schädlich sind, sondern daß wir nicht denken sollen: mehr ist besser. Bei den Mengen, die für das Würzen von Gerichten gebräuchlich sind, haben Kräuter höchst positive Wirkungen, die sich vorwiegend bei »Langzeitanwendung« günstig auf unser Wohlbefinden auswirken. Deshalb: Denken Sie daran, daß Sie, wo immer es möglich ist, frische Kräuter an das Essen geben oder vor dem Servieren darüber streuen!

Mit einem Wiegemesser können Sie die Kräuter besonders fein hacken, oder wie man auch sagt, »wiegen«.

Wie Kräuter wirken

Was man bei vielen Kräutern beobachten kann, ist ihr deutlicher, ausgeprägter Duft, den sie entwickeln, wenn man ein Blatt zerreibt. Der Duft stammt von ätherischen Ölen, die die Pflanzenzellen bilden. Sie sind »leicht flüchtig«, sie verdunsten schnell (daher auch »ätherische« = verfliegende Öle) und hinterlassen keinen bleibenden Fettfleck wie andere Öle. Diese ätherischen Öle bilden einen der Hauptwirkstoffe von Kräutern, und weil sie so leicht verfliegen, ist ihr Gehalt in den pflückfrischen Pflanzen natürlich wesentlich höher als bei getrockneten Würzkräutern aus Beuteln und Gläsern.
Ein mit Kräutern gewürztes Gericht wirkt vielfältig auf unseren Organismus, wenn wir es essen. Genauer gesagt beginnt seine Wirkung schon kurz vorher, wenn wir seinen Geruch wahrnehmen. Hier sind vor allem wieder ätherische Öle am Werk, die den Geruchssinn stimulieren. Der meldet dem Körper, daß sich offensichtlich etwas Köstliches nähert. Damit beginnen die Körpervorgänge, die nicht vom Bewußtsein gesteuert werden, sondern unbewußt ablaufen: Die Speichelproduktion im Mund verstärkt sich, der Verdauungsapparat stellt sich darauf ein, seine Tätigkeit zu beginnen, kurz: Das vegetative Nervensystem wird stimuliert. Und dieses Nervensystem, auch Vagus genannt, steuert die Magensaftproduktion, dann die Ausscheidung der Galle und die Arbeit der Bauchspeicheldrüse. Wenn der erste Bissen im Mund ist, arbeitet die ganze Fabrik in unserem Körper bereits auf Hochtouren und ist bereit, auch Fettes oder schwer Verdauliches zu bearbeiten. Das ist eine Wirkung von Kräutern, die wir unmittelbar beobachten können. Aber die Stimulierung geht weiter. Im Darm verhindern ätherische Öle die Bildung lästiger Gase und Verkrampfungen. Ätherische Öle werden über die Darmwand aufgenommen und gehen in den Blutkreislauf über. Sie regen die Nieren zu vermehrter Leistung an und werden teilweise über die Lunge wieder ausgeatmet: Hier wirken sie als Schleimlöser bei Husten und Erkältungen. Der manchmal »zusammenziehende« Geschmack von Kräutern, bei Salbei zum Beispiel, wird durch Gerbstoffe verursacht, die sie zu natürlichen Desinfektionsmitteln machen. Andere enthalten Senföle (zum Beispiel Brunnenkresse, Knoblauch), die schon in winzigen Konzentrationen antibakteriell wirken. Petersilie hat eine wassertreibende (diuretische) Wirkung, das heißt sie regt die Nieren zur Ausscheidung an. Viele Wirkungen von Kräutern sind allerdings nicht ganz so direkt zu beobachten, sie spielen sich im Bereich der Enzyme ab, bei denen wir noch nicht wissen, wie viele es überhaupt gibt. Gerade bei Zivilisationskrankheiten wie Bluthochdruck, Arteriosklerose oder erhöhtem Cholesterinspiegel, die keine unmittelbaren Beschwerden verursachen, ist es wichtig, die körpereigenen Mechanismen durch sanfte Mittel, wie sie in Kräutern als umfassender Wirkungskomplex vorliegen, langfristig zu stärken. Es gäbe noch viele Wirkungen von Kräutern aufzuzählen, doch soll hier vor allem von einer Kräuterküche die Rede sein, die Freude macht und sich nebenbei auch noch günstig auf unser Wohlbefinden auswirkt.

Welches Kraut paßt wozu?

Um in der Fülle der verschiedenen Kräuter eine Orientierung zu haben, sollen hier zwei Kräutertypen unterschieden werden: Der mediterrane und der nordeuropäische Typ. Kräuter vom mediterranen Typ haben ihre Heimat im Mittelmeerraum mit heißen, trockenen Sommern und kargen Böden. Sie sind reich an ätherischen Ölen, Harzen und Aromaten. Sie bilden holzige, meist mehrjährige Stauden und eignen sich zum Mitkochen.
Der nordeuropäische Typ gedeiht im ganzjährig feuchten Klima, die Pflanzen sind meist einjährig oder die oberirdischen Blatteile sterben im Herbst ab. Daher bilden sie weiche, krautige Blätter, die aromatisch-frisch schmecken. Sie sind weniger zum Mitkochen geeignet (außer Bohnenkraut) und werden vorzugsweise kurz vor dem Servieren zugegeben.

Mediterrane Kräuter

Basilikum
Aromatisch-würziger Geschmack. Zu Tomaten, Mittelmeergemüsen, Fisch und an Salate (wird selten mitgekocht, weil sein Aroma rasch verfliegt).
Bergbohnenkraut
Würzig-pfeffrig. Im Gegensatz zu unserem Bohnenkraut mehrjährig. Zu Hülsenfrüchten, Schmorgerichten, Eintöpfen, Fisch.
Estragon
Nur der französische Estragon (über Wurzelstock zu vermehren, nicht durch Aussaat) würzt kräftig und aromatisch, dabei leicht bitter. Mitgaren. Für Eintöpfe, Fisch, Geflügel, Salate, Sülzen, Estragonessig.
Lavendel
Sehr aromatisch-herb. In kleinen Mengen für südfranzösische Schmorgerichte, Salate, Fisch. Mitschmoren, die Blüten würzen besonders intensiv.
Oregano
Herb-würzig, aromatisch. Für Gemüseschmorgerichte, Fleisch, Pizzen, Salate.
Rosmarin
Stark aromatisch, herb-harzig. Zu Schmorgerichten, Fleisch, dunklem Geflügel, Wild.
Salbei
Stark aromatisch, ausdauernd. Zu Fleisch, Schmorgerichten, Fisch, Kartoffeln, fettem Geflügel. Blätter braten oder frisch verwenden.
Thymian
Stark würzig, leicht harzig. Für Salate, Schmorgerichte, Tomatensaucen, Eintöpfe. Roh oder mitgaren (auch die Stiele geben Würze ab).

Mediterrane Kräuter haben ihre Heimat im Mittelmeerraum. Sie verleihen vielen Gerichten einen Hauch von Urlaub …

Kräuter vom nordeuropäischen Typ gedeihen im feuchten Klima. Sie schmecken frisch und aromatisch und werden meist nicht mitgekocht, sondern über das fertige Gericht gestreut.

Nordeuropäische Kräuter

Blattsellerie
Kräftig-würzig, wie Sellerie. Nur die Blätter werden verwendet. Für Schmorgerichte, Suppen und Brühen. Mitkochen.

Bohnenkraut (Wurstkraut)
Stark würziges, pfeffriges Kraut. Für alle Hülsenfrüchte, Kartoffelgerichte, Gemüse. Mitkochen, roh zu Salaten.

Borretsch (Gurkenkraut)
Frisch, säuerlich, erinnert an Gurken. Für Salate, Quark. Frisch verwenden, die Blüten sind eßbar und sehr dekorativ.

Chinesischer Schnittlauch
Knoblauchartig würziger Lauch. Für alle Salate, zu Käse, Saucen und Fisch. Frisch verwenden.

Dill
Starker, frischwürziger Geschmack, sehr dominant. Für grüne Salate, Gurkengerichte, kalte Saucen, Fisch. Die Dill-Kronen (Samen) würzen Einlege-Gurken.

Kerbel
Würzig-frisch, an Anis erinnernd. Blätter vor der Blüte für Salate, Suppen, Saucen, Eiergerichte.

Koriandergrün (Cilantro)
Wiederentdecktes Küchenkraut (früher in Franken und Thüringen angebaut). Frisch-würziger Geschmack. Für mexikanische, chinesische und afrikanische Gerichte (frisch verwenden).

Kresse
Scharf-würzig. Als Garten- und Brunnenkresse. Frische Blätter für Salate, Suppen, Saucen. Brunnenkresse wird oft mitgekocht.

Liebstöckel (Maggikraut)
Obwohl das intensiv schmeckende Kraut aus Südeuropa stammt, ist es bei uns heimisch. Sparsam an Brühen, Eintöpfen und Schmorgerichten. Einen Zweig in die Bauchhöhle von Grillgeflügel geben.

Majoran
Kräftig-aromatische Würze, milder als beim »Vetter« Oregano (mediterraner Typ). Für Salate,

Tomaten- und Schmorgerichte, Eintöpfe.

Melisse
Frisch-zitronig. Zu Salaten, Kräutersaucen, Desserts. Nie kochen.

Petersilie
Glatte und krause. Würziges Universalkraut. Die Stengel können zur Würze mitgekocht werden. Die Blätter werden frisch gehackt verwendet.

Pimpinelle
Frisch, gurkenähnlich. Für Salate, Quark, Kräutersaucen. Nur frisch verwenden.

Sauerampfer
Säuerlich-frisch. Für Suppen, Salate, grüne Saucen. Kurz garen. Nicht zu viel roh essen, Sauerampfer hat einen hohen Oxalsäuregehalt.

Schnittlauch
Zwiebelaroma. Für Salate, Quark, Eiergerichte. Nicht garen.

Kräuter selber ziehen

Die Kräuter des nordeuropäischen Typs lassen sich gut aus Samen ziehen: Am besten im Frühjahr in kleinen Pflanztöpfchen aus Torf auf der Fensterbank vorziehen, dann in den Garten setzen. Die langsam wachsende Petersilie, Liebstöckel und Blattsellerie kaufen Sie besser als Setzlinge in der Gärtnerei. Alle Kräuter lieben die Sonne, ein Kräuterbeet sollte nicht von Büschen oder Bäumen beschattet werden. Wichtig ist ein lockerer, sandiger Boden, damit sie ihr Aroma entwickeln.
Die mediterranen Kräuter sollten Sie stets als Setzlinge oder in Töpfchen kaufen. Im Herbst werden die Pflanzen stark zurückgeschnitten und mit Torf, Rindenhumus oder Stroh vor Frost geschützt.

Frisch gehackt schmecken Kräuter am besten.

Kräuter konservieren

Am besten schmecken Kräuter zwar ganz frisch, vielleicht möchten Sie sich aber gern für den Winter einen Vorrat schaffen. Vor allem mediterrane Kräuter lassen sich gut trocknen. Ihre größte Würzkraft haben sie kurz vor oder während der Blüte. Am Tag vorher gründlich überbrausen, damit sie nicht gewaschen werden müssen. Am nächsten Tag nachmittags, wenn die Blätter fast zu welken scheinen, ernten und an einem trockenen, nicht zu warmen Ort locker aufgehängt trocknen lassen.
Eine Konservierungsmethode, die das Aroma sehr gut erhält, ist das Einlegen in Öl: Die trockenen Kräuterblätter abzupfen, fein hacken und mit feinem Salz vermischen (auf 100 g Blätter etwa 1 Teelöffel Salz). In ein Deckelglas schichten und mit Sonnenblumen- oder Olivenöl übergießen, bis das Öl über den Kräutern steht. Durch Aufklopfen auf eine Unterlage die Luftblasen entfernen, Glas verschließen und im Kühlschrank aufheben (hält mehrere Monate, wenn nach Entnahme wieder Öl aufgegossen wird). Diese Methode eignet sich auch gut für die nordeuropäischen Kräuter. Zum Tiefkühlen werden Kräuter sehr fein gehackt und in einen Eiswürfelbehälter gefüllt. Wasser bis zum Rand aufgießen, gefrieren und die Würfel in Plastikbeutel verpacken. Den Eiswürfel im garenden Gericht oder (rechtzeitig) in der Salatsauce auftauen lassen.

Liptauer Käse

Nach der Stadt Liptau in der Tschechoslowakei ist dieser Käse benannt, der original aus Schafmilchquark bereitet wird.

Zutaten für 4 Personen:
400 g Schafkäse (in Lake)
4 Eßl. Milch
100 g weiche Butter
1 kleine Zwiebel
1 Knoblauchzehe
1 Teel. Kapern
1 Teel. Paprikapulver, rosenscharf
Pfeffer, frisch gemahlen
Salz
1–2 Bund Schnittlauch

Für Gäste

Pro Portion etwa:
1900 kJ/450 kcal
15 g Eiweiß · 43 g Fett
2 g Kohlenhydrate

- Zubereitungszeit: etwa 30 Minuten
- Kühlzeit: etwa 1 Stunde

1. Den Schafkäse mit dem Stabmixer pürieren, dabei die Milch untermischen. Die Butter glattrühren und dazumixen.

2. Die Zwiebel, die Knoblauchzehe und die Kapern sehr fein hacken. Unter die Schafkäsemasse mischen.

3. Mit dem Rosenpaprika, Pfeffer und eventuell Salz pikant abschmecken. Etwa 1 Stunde kühl stellen.

4. Aus der Käsemasse walnußgroße Kugeln rollen, auf einer Platte (nach Belieben mit Salatblättern ausgelegt) zu einer Pyramide aufschichten. Den Schnittlauch waschen und trockenschütteln, dann fein hacken und über die Käsekugeln streuen. Gut gekühlt servieren.

Tip!

Als kleine Vorspeise, dazu Schwarzbrot oder Pumpernickel. Wer mag, läßt das Paprikapulver bei der Masse weg und rollt nur einige Kugeln in Paprikapulver, den anderen Teil im sehr fein gehackten Schnittlauch, der Rest bleibt weiß.

Kräuterpolenta mit Schafkäse

Zutaten für 4 Personen:
1/2 l Milch
200 g 5-Minuten-Polenta
Salz · Muskat, frisch gerieben
1 Bund gemischte Kräuter
3 Eßl. Butter
200 g Schafkäse (in Lake)
2 Zwiebeln
100 g Sahne

Gelingt leicht

Pro Portion etwa:
2300 kJ/550 kcal
17 g Eiweiß · 33 g Fett
46 g Kohlenhydrate

- Zubereitungszeit: etwa 45 Minuten

1. Die Milch mit 1/2 l Wasser erhitzen, den Polenta-Grieß einstreuen, salzen und unter Rühren nach Packungsangabe etwa 5 Minuten garen, mit Muskat würzen. Vom Herd nehmen. Den Backofen auf 220° vorheizen.

2. Die gemischten Kräuter waschen, trockenschütteln, entstielen, hacken und unter die Polenta rühren. Eine flache Auflaufform mit 1 Eßlöffel Butter ausstreichen. Den Schafkäse abtropfen lassen und in Würfel schneiden.

3. Die Zwiebeln in Scheiben schneiden. Die restliche Butter in einer Pfanne erhitzen, die Zwiebeln darin schön braun braten.

4. Abwechselnd Polenta und Schafkäse in die Auflaufform schichten. Die gebratenen Zwiebeln darüber verteilen und mit Sahne übergießen.

5. Im Backofen (Mitte) in 20–25 Minuten goldbraun überbacken. Dazu einen grünen Salat mit Radieschen servieren.

Im Bild hinten:
Kräuterpolenta mit Schafkäse
Im Bild vorne: Liptauer Käse

Kräuter-käschen auf Tomaten

Pikante sommerliche Vorspeise.

Zutaten für 4 Personen:
250 g Quark (20%)
2 Eier
1 Bund Schnittlauch
1 Bund Dill
Salz
weißer Pfeffer, frisch gemahlen
500 g vollreife Tomaten
1 Bund Basilikum
3 Eßl. Olivenöl
2 Eßl. Zitronensaft
Fett für die Förmchen
Pergamentpapier

Preiswert

Pro Portion etwa:
800 kJ/190 kcal
13 g Eiweiß · 13 g Fett
7 g Kohlenhydrate

- Zubereitungszeit: etwa 35 Minuten

1. Den Quark in eine Schüssel geben. Die Eier trennen. Die Eigelbe unter den Quark rühren. Die Eiweiße steif schlagen. Die Kräuter waschen, trockenschütteln und fein schneiden. Dann mit dem Eischnee unter den Quark heben. Salzen und pfeffern.

2. Flanförmchen oder Kaffeetassen gut mit Fett ausstreichen. Die Quarkmasse einfüllen, so daß die Förmchen zu 3/4 gefüllt sind. In einen breiten Topf stellen. Bis 2 cm unter den Rand der Förmchen heißes Wasser einfüllen. Die Förmchen mit Pergamentpapier abdecken und den Topfdeckel auflegen.

3. Bei schwacher Hitze (das Wasser darf nicht kochen) etwa 25 Minuten garen. Inzwischen die Tomaten häuten, die Kerne und Wurzelansätze entfernen. Das Fruchtfleisch fein hacken. Das Basilikum hacken und mit dem Olivenöl, Salz, Pfeffer, dem Zitronensaft unter das Tomatenfruchtfleisch rühren.

4. Die Flans aus dem Topf nehmen, kurz abkühlen lassen und auf Teller stürzen (die Quarkmasse am Rand mit einem spitzen Messer lösen). Die kalte Tomatensauce um die Flans gießen und nach Belieben mit Schnittlauchröllchen garnieren.

Gefüllte Papaya mit Thun und Dill

Fruchtig-pikante Vorspeise.

Zutaten für 4 Personen:
1 Dose Thunfisch, naturell (etwa 200 g netto)
1 kleine Zwiebel
2 Tomaten
100 g tiefgekühlte Erbsen (etwa 1 Tasse)
Salz
1 Bund Dill
1 unbehandelte Limette oder Zitrone
100 g saure Sahne
75 g Salatmayonnaise
1 Teel. Senf
weißer Pfeffer, frisch gemahlen
2 reife Papayas

Raffiniert

Pro Portion etwa:
1200 kJ/290 kcal
13 g Eiweiß · 21 g Fett
11 g Kohlenhydrate

- Zubereitungszeit: etwa 30 Minuten

Tip!

Papayas müssen gut reif, also schön gelb sein und auf Druck leicht nachgeben. Daran erkennen Sie, daß sie richtig aromatisch sind. Mit den Kernen muß auch die gelbe, faserige Innenhaut herausgekratzt werden, sie schmeckt bitter.

1. Den Thunfisch abtropfen lassen und zerpflücken. Die Zwiebel fein würfeln. Die Tomaten überbrühen, häuten, entkernen und die Stielansätze entfernen. Das Fruchtfleisch würfeln. Die Erbsen in Salzwasser etwa 7 Minuten garen, abtropfen lassen. Den Dill waschen, 4 kleine Zweige zur Seite legen, den Rest hacken.

2. Die Schale einer halben Limette abraspeln, die Limette auspressen. Den Thunfisch, die Zwiebeln und Tomaten, die Erbsen, die Limettenschale und 1 Eßlöffel von dem Saft mit der sauren Sahne, der Mayonnaise, dem Senf und dem gehackten Dill mischen, salzen und pfeffern. Etwa 30 Minuten kühl stellen.

3. Die Papayas halbieren, die Kerne auskratzen (einige zum Garnieren aufheben), die Innenhaut entfernen.

4. Das Fruchtfleisch mit dem restlichem Limettensaft beträufeln. Die Thunfischmasse in die Höhlung der Papayahälften füllen. Mit einigen Kernen und Dillzweigen garnieren. Dazu Toast servieren.

Buttermilchsuppe mit Schnittlauch

Eine erfrischende Suppe, die im Sommer leicht eine Mahlzeit ersetzen kann. Bei den Kräutern können Sie beliebig variieren: Auch Sauerampfer, Knoblauchrauke oder Thymian, Kerbel oder Bohnenkraut passen gut dazu.

Zutaten für 4 Personen:
4 mittelgroße mehligkochende Kartoffeln
2 Zweige Liebstöckel oder Selleriegrün · Salz
3 Eßl. Mehl
1 l Buttermilch
2 Scheiben Schwarzbrot (50 g)
2 Eßl. Butter
1 Zwiebel
1 Teel. gekörnte Brühe
weißer Pfeffer, frisch gemahlen
1/2 Teel. Kümmel
2 Bund Schnittlauch

Preiswert

Pro Portion etwa:
1200 kJ/290 kcal
14 g Eiweiß · 8 g Fett
40 g Kohlenhydrate

- Zubereitungszeit: etwa 45 Minuten

1. Die Kartoffeln schälen und grob würfeln. Den Liebstöckel kleinschneiden. Beides in Salzwasser etwa 20 Minuten kochen. Inzwischen das Mehl in einer Schüssel in 2 Eßlöffeln von der Buttermilch anrühren und quellen lassen.

2. Das Schwarzbrot würfeln und in 1 Eßlöffel von der Butter knusprig braten. Die Zwiebel würfeln. Einen weiteren Eßlöffel von der Butter in einem großen Topf zerlassen und die Zwiebelwürfel darin andünsten. Das angerührte Mehl und die Buttermilch dazugießen und langsam erhitzen (nicht kochen). Mit der gekörnten Brühe, Salz, Pfeffer und dem Kümmel würzen.

3. Den Schnittlauch waschen, trockenschütteln, kleinschneiden und unter die Suppe rühren.

4. Die Kartoffeln abgießen und in Suppenteller verteilen. Die Suppe darüber schöpfen und mit den Brotwürfeln bestreuen.

Quarknocken auf Kräuter-Tomaten

Als fleischloses Hauptgericht oder als Vorspeise servieren.

Zutaten für 4 Personen:
250 g Quark (20%)
2 Eier
3 Eßl. Semmelbrösel
Salz
Pfeffer, frisch gemahlen
Muskat, frisch gerieben
750 g reife Tomaten
1 kleine Zwiebel
1 Eßl. Olivenöl
1 Bund gemischte Kräuter (Petersilie, Thymian, Majoran, Salbei)

Preiswert

Pro Portion etwa:
1100 kJ/260 kcal
17 g Eiweiß · 15 g Fett
15 g Kohlenhydrate

- Zubereitungszeit: etwa 30 Minuten

1. Den Quark abtropfen lassen. Die Eier trennen. Die Eigelbe mit dem Quark, den Semmelbröseln, Salz, Pfeffer und Muskat verrühren. Reichlich Salzwasser zum Sieden bringen.

2. Die Eiweiße zu steifem Schnee schlagen und unter die Quarkmasse heben. Mit 2 Eßlöffeln zu Nocken formen (die Löffel zwischendurch in kaltes Wasser tauchen), in das siedende Salzwasser gleiten lassen.

3. Die Tomaten überbrühen, enthäuten, halbieren, entkernen und die Stielansätze entfernen. Das Fruchtfleisch in Würfel schneiden. Die Zwiebel fein würfeln. Das Öl erhitzen, die Tomaten dazugeben, etwa 5 Minuten köcheln lassen.

4. Die Kräuter hacken, 1 Eßlöffel davon fürs Garnieren aufheben, den Rest unter die Tomatensauce rühren, salzen und pfeffern. Die Quarknocken abtropfen lassen, auf der Tomatensauce anrichten und mit den gehackten Kräutern bestreut servieren.

Im Bild hinten:
Quarknocken auf Kräuter-Tomaten
Bild vorne:
Buttermilchsuppe mit Schnittlauch

Gemüse mit Kräuter-Käse

Vorspeise mit südlichem Flair.

Zutaten für 4 Personen:
2 Bund Frühlingszwiebeln
4 rote Chilischoten
1 ganzer Staudensellerie
6 Eßl. Olivenöl
1/4 l trockener Weißwein
Salz
schwarzer Pfeffer, frisch gemahlen
3 Zweige Thymian
150 g Roquefort oder anderer Blauschimmelkäse
75 g Crème fraîche
1 Bund Basilikum

Gut vorzubereiten

Pro Portion etwa:
1600 kJ/380 kcal
10 g Eiweiß · 31 g Fett
5 g Kohlenhydrate

- Zubereitungszeit: etwa 30 Minuten

1. Die Frühlingszwiebeln waschen, putzen und mit dem zarten Grün in 10 cm lange Stücke schneiden. Die Chilischoten längs halbieren und entkernen. Den Staudensellerie waschen, aufblättern, eventuell entfädeln, die Stangen ebenfalls in 10 cm lange Stücke schneiden.

2. Die Frühlingszwiebeln, die Chilischoten und den Staudensellerie nebeneinander in einen flachen Topf legen, das Olivenöl dazugießen und langsam erhitzen. Einige Minuten schmoren, dann den Weißwein angießen, mit Salz, Pfeffer und dem Thymian würzen. Etwa 15 Minuten bei schwacher Hitze garen.

3. Inzwischen den Roquefort mit der Crème fraîche glattrühren, das Basilikum waschen, fein hacken und untermischen, mit Pfeffer abschmecken.

4. Das gegarte Gemüse auf einer Platte anrichten, in die Höhlungen vom Sellerie die Käsecreme streichen. Den Garsud noch etwas einkochen und seitlich zum Gemüse gießen. Lauwarm oder kalt mit Knoblauchbrot servieren.

Käse-Kräuter-Salat

Je mehr Kräuter, desto besser schmeckt dieser köstliche Salat, den sie gut vorbereiten können.

Zutaten für 4 Personen:
250 g junger Emmentaler oder Gouda
1 reife Avocado
2 rote Zwiebeln
1 Bund gemischte Kräuter (Petersilie, Kerbel, Dill, Schnittlauch, Estragon, Sauerampfer)
Salz
Pfeffer, frisch gemahlen
3 Eßl. Weißweinessig
1 Teel. scharfer Senf
4 Eßl. Sonnenblumenöl

Ganz einfach

Pro Portion etwa:
1800 kJ/430 kcal
20 g Eiweiß · 38 g Fett
3 g Kohlenhydrate

- Zubereitungszeit: etwa 30 Minuten

1. Den Käse in Streifen schneiden. Die Avocado längs um den Kern einschneiden, durch Drehen vom Kern lösen, das Fruchtfleisch mit einem Kugelausstecher ausbohren.

2. Die Zwiebeln in Streifen schneiden. Die Kräuter waschen, trockenschütteln und hacken. Alle Salatzutaten mischen. Salz und Pfeffer mit dem Weißweinessig in einem Schälchen verrühren, den Senf unterrühren und mit einer Gabel das Öl unterschlagen, bis eine cremige Sauce entstanden ist.

3. Die Salatsauce über die Zutaten träufeln, vorsichtig unterheben. Bis zum Servieren durchziehen lassen.

Tip!

Zu diesem Salat passen auch die würzigen Blätter der Kapuzinerkresse sehr gut. Mit ihren leuchtenden Blüten läßt sich auch ein einfacher Salat schön garnieren.

Bild oben: Käse-Kräuter-Salat
Bild unten: Gemüse mit Kräuter-Käse

Ziegenkäse, steirische Art

Das grün-braune, würzige Kürbiskernöl aus der Steiermark und der zart nach Knoblauch schmeckende chinesische Schnittlauch bestimmen den Charakter dieser Vorspeise.

Zutaten für 4 Personen:
350 g Ziegenkäse (Rolle)
1/2 Kopf Lollo Bianco oder Eichblattsalat
4 kleine Tomaten (etwa 200 g)
1 Bund chinesischer Schnittlauch (ersatzweise 1 Bund Schnittlauch und 1 feingehackte Knoblauchzehe)
1 Schalotte oder kleine Zwiebel
3 Eßl. Weißweinessig
6–8 Eßl. Kürbiskernöl
Salz
schwarzer Pfeffer, frisch gemahlen

Ganz einfach

Pro Portion etwa:
1800 kJ/430 kcal
24 g Eiweiß · 33 g Fett
6 g Kohlenhydrate

• Zubereitungszeit: etwa 20 Minuten

1. Den Ziegenkäse in 4 Scheiben schneiden. Den Salat waschen und die Blätter in Stücke zupfen, auf Teller verteilen und die Ziegenkäsescheiben darauf legen. Tomaten waschen, vierteln und darum herum anordnen.

2. Den chinesischen Schnittlauch waschen und in feine Röllchen schneiden. Die Schalotte sehr fein hacken. Beides in einem Schüsselchen mit dem Weißweinessig und dem Kürbiskernöl verquirlen, mit Salz und Pfeffer abschmecken.

3. Die würzige Sauce über die Käsescheiben träufeln und gleich servieren. Dazu paßt knuspriges Baguette oder Walnußbrot.

Kräuter-Kwas

Kwas ist ein erfrischendes Sommergetränk aus der Türkei, mit Kräutern schmeckt es besonders köstlich. Gut als Aperitif.

Zutaten für 4 Personen:
je 2 Zweige Petersilie und Basilikum
1/2 Bund Schnittlauch (möglichst chinesischer)
1/2 Teel. grobes Meersalz
300 g Trinkjoghurt
300 ml Mineralwasser (mit Kohlensäure)
schwarzer Pfeffer, frisch gemahlen
Minzblättchen zum Garnieren (nach Belieben)

Ganz einfach

Pro Portion etwa:
7 kJ/2 kcal
0 g Eiweiß · 0 g Fett
0 g Kohlenhydrate

• Zubereitungszeit: etwa 15 Minuten

1. Die Kräuter waschen, trockenschütteln und kleinschneiden, mit dem Meersalz in einem Porzellan-Mörser (oder im Mixer) fein pürieren.

2. Alles in einen Krug geben, den Trinkjoghurt dazuquirlen. Mit dem Mineralwasser auffüllen, umrühren. In Gläser füllen und mit einem Hauch Pfeffer bestäuben. Den Drink als Aperitif mit einem Strohhalm servieren, nach Belieben mit Minzblättchen garnieren.

Tip!

Der chinesische Schnittlauch sieht zwar aus wie gewöhnlicher Schnittlauch, hat aber einen ganz zarten Knoblauchgeschmack. Ersatzweise können Sie auch den heimischen Schnittlauch nehmen und mit einer durch die Presse gedrückten Knoblauchzehe würzen.

Im Bild hinten: Kräuter-Kwas
Im Bild vorne: Ziegenkäse, steirische Art

Chicorée-Feldsalat mit Basilikum

Ein fruchtig-frischer Wintersalat, als Vorspeise oder Beilage.

Zutaten für 4 Personen:
500 g Chicorée
200 g Feldsalat
1 säuerlicher Apfel
Saft von 1 Zitrone
150 g Bulgara-Joghurt (1 Becher)
Salz
weißer Pfeffer, frisch gemahlen
3 Eßl. Sonnenblumenöl
1 Bund Basilikum
50 g Haselnußblättchen

Gelingt leicht

Pro Portion etwa:
800 kJ/190 kcal
5 g Eiweiß · 14 g Fett
13 g Kohlenhydrate

- Zubereitungszeit: etwa 30 Minuten

1. Vom Chicorée den Wurzelansatz abschneiden, den bitteren Strunk herausschneiden und in 1 cm breite Streifen schneiden. Den Feldsalat verlesen und sehr gründlich waschen, abtropfen lassen. Den Apfel schälen, vierteln, Kerngehäuse entfernen. Die Apfelspalten in feine Scheibchen schneiden. Mit etwas von dem Zitronensaft beträufeln.

2. Den Chicorée, den Feldsalat und die Apfelspalten vorsichtig mischen. Den Joghurt glattrühren und mit dem restlichen Zitronensaft, Salz, Pfeffer und Öl verquirlen. Das Basilikum fein hacken und untermischen. Die Kräutersauce über den Salat gießen.

3. Die Haselnußblättchen in einer trockenen Pfanne leicht anrösten und über den Salat streuen. Gleich servieren.

Lollo mit Stachelbeeren

Stachelbeeren mit ihrer herben Süße passen gut zu grünen Salaten.

Zutaten für 4 Personen:
1 Kopf Lollo rosso
1 rote Zwiebel
200 g Stachelbeeren
Saft von 1 Zitrone
Salz
weißer Pfeffer, frisch gemahlen
1 Teel. Senf
4 Eßl. Sonnenblumenöl
50 g gemischte Nüsse
1 Bund Schnittlauch

Raffiniert

Pro Portion etwa:
820 kJ/200 kcal
3 g Eiweiß · 16 g Fett
10 g Kohlenhydrate

- Zubereitungszeit: etwa 30 Minuten

1. Den Salat gründlich waschen, in Stücke zerreißen und abtropfen lassen. Die Zwiebel in Ringe schneiden. Von den Stachelbeeren die Stengel und Blütenansätze entfernen, die Früchte längs halbieren. Alles locker mischen.

2. Eine Salatsauce aus dem Zitronensaft, Salz, Pfeffer, dem Senf und dem Öl rühren. Die Nüsse grob hacken und untermischen. Den Schnittlauch in feine Röllchen schneiden.

3. Die Sauce über den Salat gießen, den Schnittlauch dazugeben und locker vermischen. Gleich servieren.

Tip!

Statt der Nüsse können Sie für diese Salate auch körnigen Frischkäse nehmen, den Sie mit fein gehackten Kräutern vermischen und zum Schluß über den Salat streuen.

Im Bild hinten: Lollo mit Stachelbeeren
Im Bild vorne: Chicorée-Feldsalat

Frühlingssalat

Bunt und voller Vitamine, hilft gegen die Frühjahrsmüdigkeit. Mit Baguette eine leichte Hauptmahlzeit.

Zutaten für 4 Personen:
4 Eier
1 Kopf Romanasalat
4 mittelgroße Tomaten
1 Salatgurke
1 Bund Radieschen
1 Bund Petersilie
1 Bund Schnittlauch
1 Bund Dill
150 g Parmaschinken
Saft von 2 Zitronen
Salz
weißer Pfeffer, frisch gemahlen
1 Knoblauchzehe
1 Teel. Senf
6 Eßl. Olivenöl

Gelingt leicht

Pro Portion etwa:
2000 kJ/480 kcal
23 g Eiweiß · 38 g Fett
13 g Kohlenhydrate

- Zubereitungszeit: etwa 30 Minuten

1. Die Eier hart kochen. Den Romanasalat waschen, gut abtropfen lassen, die Blätter in Stücke zerreißen. Die Tomaten in Scheiben schneiden. Die Gurke streifig schälen, in Scheiben schneiden.

2. Die Radieschen in Scheiben hobeln, einige zarte Blätter vom Grün fein hacken, zur Seite stellen. Die Kräuter fein hacken und zu den Radieschenblättchen geben.

3. Die Eier abschrecken, pellen und in Scheiben schneiden. Den Parmaschinken zu lockeren Röllchen aufdrehen. Eine große Platte mit den Romanablättern auslegen, die übrigen Zutaten darauf anrichten.

4. Den Zitronensaft mit Salz und Pfeffer verrühren. Die Knoblauchzehe durch die Presse dazudrücken und mit dem Senf untermischen. Die gehackten Kräuter und das Olivenöl unterrühren. Die Kräutersauce über den Salat träufeln.

Löwenzahnsalat

Immer mehr Gemüsehändler bieten jetzt den zartbitteren Löwenzahnsalat an. Aber Sie können auch die zarten Blättchen im Frühling auf einer ungedüngten Wiese, möglichst abseits von befahrenen Straßen, sammeln.

Zutaten für 4 Personen:
1 Staude Löwenzahnsalat (Catalogna)
oder etwa 400 g zarter Wild-Löwenzahn
1 Bund chinesischer Schnittlauch
oder 2 Frühlingszwiebeln
100 g schwarze Kalamata-Oliven
3 Eßl. Weißweinessig
Salz
weißer Pfeffer, frisch gemahlen
1 Teel. Zucker
5 Eßl. Sonnenblumenöl
150 g Schafkäse

Erfrischend

Pro Portion etwa:
1300 kJ/310 kcal
8 g Eiweiß · 27 g Fett
10 g Kohlenhydrate

- Zubereitungszeit: etwa 20 Minuten

1. Den Löwenzahnsalat waschen und gut abtropfen lassen, in 3 cm lange Stücke schneiden. Den chinesischen Schnittlauch (oder die Frühlingszwiebeln) fein schneiden.

2. Die Oliven unter den Salat mischen. Den Weißweinessig mit Salz, Pfeffer und dem Zucker verrühren. Das Öl unterschlagen, über den Salat gießen. Vorsichtig vermischen und etwas durchziehen lassen.

3. Zum Anrichten den Schafkäse zerbröckeln und darüber streuen.

Tip!

Schmeckt auch gut mit gebratenen Speckstreifchen. Diese in Öl auslassen, mit etwas Essig ablöschen, würzen und heiß über den Salat gießen.

Bild oben: Frühlingssalat
Bild unten: Löwenzahnsalat

Bunter Salat mit Kräuter-Eierstich

Ein richtiger Sommersalat, der eine erfrischende Mahlzeit darstellt.

Zutaten für 4 Personen:
2 Eier
4 Eßl. Milch
Salz
weißer Pfeffer, frisch gemahlen
Muskat, frisch gerieben
1 Bund gemischte Kräuter
(Petersilie, Schnittlauch, Dill,
Pimpinelle, Borretsch)
1 Eichblattsalat
1 kleiner Radicchio
3 Tomaten
100 g Sahnejoghurt (griechische Art)
Tabasco
3 Eßl. Apfelessig
150 g Lachsschinken
Fett für die Förmchen

Gut vorzubereiten

Pro Portion etwa:
1200 kJ/290 kcal
16 g Eiweiß · 22 g Fett
5 g Kohlenhydrate

- Zubereitungszeit: etwa 45 Minuten

1. Die Eier mit der Milch verquirlen, mit Salz, Pfeffer und Muskat würzen. Die Kräuter waschen, trockenschütteln, sehr fein hacken und unter die Eiermasse mischen. Zwei kleine Förmchen (oder Tassen) ausfetten, mit der Eimasse füllen und im zugedeckten Wasserbad bei schwacher Hitze etwa 20 Minuten stocken lassen.

2. Den Eichblattsalat und den Radicchio zerpflücken, abspülen, abtropfen lassen und auf einer großen Platte oder in einer flachen Schüssel anrichten. Die Tomaten in Scheiben schneiden und darauf verteilen.

3. Die Förmchen abkühlen lassen, den Eierstich stürzen. In Scheiben, dann in Rauten oder Würfel schneiden.

4. Den Sahnejoghurt mit Salz, Pfeffer, 3 Tropfen Tabasco und dem Apfelessig verquirlen. Über den Salat gießen. Den Lachsschinken in Streifen schneiden und mit dem Eierstich auf dem Salat verteilen.

Kräuter-Wurstsalat

Wurstsalat wird in Bayern gern als Brotzeit gegessen – aber normalerweise ohne Kräuter angemacht.

Zutaten für 4 Personen:
500 g Fleischwurst oder
Schinkenwurst-Aufschnitt
1 rote Paprikaschote
2 Zwiebeln
1 Bund Petersilie
1 Bund Schnittlauch
Kresse, Kerbel oder Borretsch nach
Belieben
6 Eßl. milder Weißweinessig
Salz
weißer Pfeffer, frisch gemahlen
6 Eßl. Sonnenblumenöl

Gelingt leicht

Pro Portion etwa:
2200 kJ/520 kcal
18 g Eiweiß · 49 g Fett
4 g Kohlenhydrate

- Zubereitungszeit: etwa 20 Minuten

1. Die Wurst pellen und in dünne Scheiben schneiden. Die Paprikaschote putzen, ausspülen, dabei Trennwände und Kerne entfernen, in Streifen schneiden. Die Zwiebeln in Scheiben schneiden, zu Ringen aufblättern. Die Wurst in tiefe Teller legen, mit den Paprikastreifen und den Zwiebelringen belegen.

2. Die Kräuter waschen, trockenschütteln und fein hacken. Den Weißweinessig mit der gleichen Menge Wasser mischen, mit Salz, Pfeffer und dem Öl verquirlen und die Kräuter unterheben.

3. Über den Wurstsalat verteilen. Mit kräftigem Holzofenbrot servieren.

Tip!

Zum Wurstsalat paßt auch gehackte Knoblauchrauke, die ihm einen pikanten Knofelgeschmack verleiht.

Im Bild hinten: Kräuter-Wurstsalat
Im Bild vorne:
Bunter Salat mit Kräuter-Eierstich

Grüner Kartoffelsalat

Besonders delikat mit Wildkräutern.

Zutaten für 4 Personen:
1 kg festkochende Kartoffeln
Salz
1/4 l Rinderfond (Glas)
4–5 Eßl. Weißweinessig
weißer Pfeffer, frisch gemahlen
6 Scheiben Frühstücksspeck (Bacon)
3 Frühlingszwiebeln
4 Eßl. Sonnenblumenöl
1 Bund Radieschen
1 Bund Brunnenkresse (oder
Gartenkresse)
30 g Sauerampferblätter
30 g Gänseblümchenblätter und
-blüten (oder Borretsch mit Blüten)

Preiswert

Pro Portion etwa:
1600 kJ/380 kcal
11 g Eiweiß · 19 g Fett
37 g Kohlenhydrate

- Zubereitungszeit: etwa 1 Stunde

Tip!

Wildkräuter können Sie im Frühjahr auf ungedüngten Wiesen selbst sammeln, am besten auf Feuchtwiesen in der Nähe von Bächen, aber nicht neben befahrenen Straßen. Gänseblümchenblüten und -blätter haben einen zart nussigen Geschmack.

1. Die Kartoffeln in Salzwasser etwa 25 Minuten kochen, abgießen und noch warm schälen, in Scheiben schneiden. Den Rinderfond mit dem Essig, Salz und Pfeffer erhitzen, über die Kartoffeln gießen.

2. Den Speck in Streifen schneiden, die Frühlingszwiebeln waschen, putzen und mit dem zarten Grün in Scheiben schneiden. 1 Eßlöffel von dem Öl in einer Pfanne erhitzen, den Speck darin ausbraten, die Frühlingszwiebeln kurz mitbraten, dann über die Kartoffeln gießen. Das restliche Öl untermischen.

3. Die Radieschen in Scheiben schneiden. Einige zarte Blätter fein schneiden. Die Kresseblättchen und die Kräuter hacken und alles unter den Kartoffelsalat mischen.

4. Den Salat mit den Radieschenscheiben und den Gänseblümchen- oder Borretschblüten garnieren. Bis zum Servieren etwas durchziehen lassen.

Spaghettisalat mit Meeresfrüchten

Als Vorspeise oder leichtes Hauptgericht für Herbst bis Frühjahr, solange es frische Muscheln gibt.

Zutaten für 4 Personen:
400 g frische Miesmuscheln
1/4 l trockener Weißwein
1 Zwiebel
Salz
4 Riesengarnelen (roh)
4 Schollenfilets
100 g Tiefseegarnelen
100 g Crème fraîche
300 g Spaghetti
1 Eßl. Olivenöl
1 Bund gemischte Kräuter (Petersilie, Thymian, Salbei, Rosmarin, Oregano)
Saft von 1 Zitrone
Pfeffer, frisch gemahlen

Für Gäste

Pro Portion etwa:
2300 kJ/550 kcal
36 g Eiweiß · 13 g Fett
60 g Kohlenhydrate

- Zubereitungszeit: etwa 1 Stunde

1. Die Muscheln unter fließendem Wasser sauber bürsten, entbarten. Nur geschlossene verwenden. In dem Weißwein erhitzen, die Zwiebel kleinhacken und dazugeben, salzen und etwa 7 Minuten kochen. (Muscheln, die sich nicht geöffnet haben, wegwerfen.) Das Muschelfleisch auslösen, zur Seite stellen.

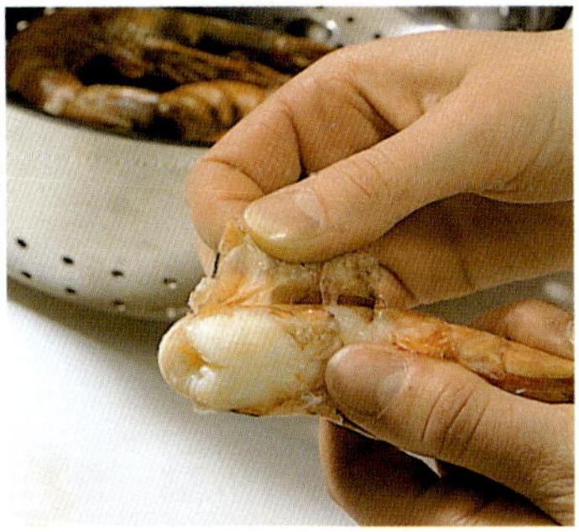

2. Im Kochsud die Riesengarnelen etwa 5 Minuten garen, abtropfen lassen und schälen, längs halbieren und den dunklen Darm auslösen. Im gleichen Sud die Schollenfilets etwa 5 Minuten garen, ebenso die Tiefseegarnelen. Den Kochsud (ohne den Bodensatz) abgießen und mit Crème fraîche verrühren.

3. In einer Kasserolle einkochen, bis nur noch die Hälfte an Flüssigkeit übrig ist. Die Spaghetti einmal durchbrechen und in reichlich Salzwasser mit dem Olivenöl in etwa 9 Minuten knapp garkochen, abgießen und kalt abschrecken.

4. Die Kräuter fein hacken. Die Sauce mit dem Zitronensaft und den Kräutern verquirlen, mit Salz und Pfeffer würzen. Die Meeresfrüchte vorsichtig unter die Spaghetti heben und mit der Sauce mischen. Lauwarm servieren.

Taboulé-Salat

Ein vitaminreicher Salat, der von Nordafrika bis Südafrika sehr beliebt ist.

Zutaten für 4 Personen:
2 Tassen Bulgur (vorgegarter Hartweizengrieß)
Salz
6 mittelgroße Tomaten
1 grüne Chilischote
4 Frühlingszwiebeln
4 Bund Petersilie (etwa 300 g)
1 Bund Pfefferminze
3 Zitronen
8 Eßl. Olivenöl
15 grüne Oliven
schwarzer Pfeffer, frisch gemahlen
eventuell Salatblätter zum Anrichten

Ganz einfach

Pro Portion etwa:
2200 kJ/520 kcal
10 g Eiweiß · 24 g Fett
68 g Kohlenhydrate

- Zubereitungszeit: etwa 45 Minuten

1. Den Bulgur in 4 Tassen Salzwasser einrühren und aufkochen, zugedeckt in etwa 15 Minuten ausquellen, dann abkühlen lassen.

2. Inzwischen die Tomaten würfeln, die Chilischote längs halbieren, die Kerne entfernen (Vorsicht, scharf!), die Schote in feine Streifen schneiden.

3. Die Frühlingszwiebeln in 1/2 cm dicke Scheiben schneiden. Die Petersilienblättchen grob hacken. Die Pfefferminze-Blättchen fein hacken. die Tomaten, die Chili, die Frühlingszwiebeln und die Kräuter mischen.

4. Den ausgequollenen Bulgur unterheben. Von den Zitronen vier dünne Scheiben aus der Mitte schneiden, zur Seite legen. Die Zitronenhälften auspressen, den Saft über den Salat gießen. Das Olivenöl und die Oliven unterheben. Mit Salz und Pfeffer abschmecken.

5. In einer flachen Schüssel auf Salat anrichten, mit den Zitronenscheiben garnieren.

Brotsalat aus Umbrien

Zutaten für 4 Personen:
200 g (italienisches) Weißbrot vom Vortag
7 Eßl. Olivenöl
1/2 Salatgurke
3 Stangen Staudensellerie
2 Fleischtomaten (etwa 350 g)
2 rote Zwiebeln
2 Bund Basilikum
3 Eßl. Kapern
3 Eßl. Rotweinessig
Salz
schwarzer Pfeffer, frisch gemahlen

Gelingt leicht

Pro Portion etwa:
1300 kJ/310 kcal
6 g Eiweiß · 19 g Fett
31 g Kohlenhydrate

- Zubereitungszeit: etwa 45 Minuten

1. Das Weißbrot würfeln und in 3 Eßlöffeln von dem Olivenöl hell rösten. Auf Küchenpapier abtropfen lassen. Die Salatgurke streifig schälen, längs halbieren, entkernen und in Scheiben schneiden.

2. Den Staudensellerie in Scheibchen schneiden. Die Tomaten überbrühen, häuten, quer halbieren, Stielansätze und Kerne entfernen und die Tomaten würfeln.

3. Die Zwiebeln halbieren, in Streifen schneiden. Die Basilikumblättchen abzupfen, einen Teil grob hacken, einige Blättchen zum Garnieren zur Seite legen.

4. Das Gemüse mit den Kapern (und etwas Kapernlake) mischen. Den Rotweinessig mit Salz, Pfeffer und dem restlichen Olivenöl verquirlen, über den Salat gießen.

5. Die Brotwürfel und das gehackte Basilikum dazugeben und vorsichtig mischen. Mit den Basilikumblättchen garniert servieren.

Im Bild hinten: Taboulé-Salat
Im Bild vorne: Brotsalat aus Umbrien

Brunnenkressesuppe mit Fisch

Eine schaumige Sahnesuppe mit feinen Forellenklößchen.

Zutaten für 4 Personen:
1 große Forelle, filetiert (etwa 350 g Filet)
Saft von 1/2 Zitrone
2 Scheiben Toastbrot
2 Eier
Salz
weißer Pfeffer, frisch gemahlen
2 Bund Brunnenkresse (etwa 400 g)
1 Zwiebel
2 Eßl. Butter
3/4 l kräftige Gemüsebrühe
200 g Sahne
Muskat, frisch gerieben

Für Gäste

Pro Portion etwa:
1800 kJ/430 kcal
28 g Eiweiß · 31 g Fett
9 g Kohlenhydrate

- Zubereitungszeit: etwa 1 Stunde (davon 15 Minuten Kühlzeit)

1. Für die Klößchen vom Fischhändler eine Forelle filetieren lassen oder eine küchenfertige Forelle auf die Arbeitsfläche legen, Kopf und Schwanz abschneiden. Ober- und unterhalb der Rückenflossen die Filets von der Mittelgräte schneiden, die Haut vom Kopf zum Schwanz hin abziehen. Die restlichen Gräten mit einer Pinzette aus den Filets ziehen.

2. Die Forellenfilets würfeln und mit dem Zitronensaft beträufeln. Das Toastbrot entrinden und würfeln. Die Eier trennen, die Eigelbe beiseite stellen. Die Eiweiße zum Fisch geben, zusammen mit dem Toastbrot im Mixer pürieren, mit Salz und Pfeffer würzen, etwa 15 Minuten gut kühlen.

3. In einem flachen Topf 1 l Salzwasser erhitzen, mit 2 Eßlöffeln von der Fischfarce längliche Klößchen abstechen und im siedenden Wasser 8–10 Minuten garen. Mit einer Schaumkelle herausheben, abtropfen lassen.

4. Für die Suppe die Kresse gut in lauwarmem Wasser waschen, die Blätter abzupfen. Die Zwiebel würfeln. In einem großen Topf die Butter erhitzen und die Zwiebelwürfel darin andünsten. Einige Kresseblättchen zum Garnieren aufheben, die restlichen zu den Zwiebeln geben, die Hälfte Gemüsebrühe und die Sahne aufgießen. Aufkochen lassen.

5. Die Eigelbe mit etwas heißer Suppe verrühren. Mit dem Pürierstab die Suppe glatt und schaumig pürieren, zum Schluß die Eigelbe einlaufen lassen und die restliche Gemüsebrühe untermixen (die Suppe darf nicht mehr kochen, sonst gerinnen die Eigelbe und flocken aus). Mit Salz, Pfeffer und Muskat abschmekken.

6. Die Fischklößchen in Suppenteller verteilen, die heiße Suppe darüber schöpfen. Mit den zurückbehaltenen Kresseblättchen garnieren.

Tip!

Für die Fischklößchen können Sie auch ein anderes, weißfleischiges Fischfilet nehmen. Statt der Brunnenkresse eignen sich im Frühling die zarten Blätter vom Sauerampfer, den Sie auf feuchten (ungedüngten!) Wiesen reichlich finden. Außerdem können Sie noch 2 Eßlöffel Mehl beim Andünsten über die Zwiebelwürfel streuen, das mildert etwas die Säure.

Mit viel frischer Brunnenkresse ist diese Suppe einfach unschlagbar.

Kerbelsuppe mit Lachs

Diese delikate Suppe ist eine Komposition von zartem Anisaroma mit Lachsstücken.

Zutaten für 4 Personen:
1 Schwanzstück vom frischen Lachs
(etwa 500 g)
1/2 l Gemüsebrühe
1 Bund Suppengemüse
3 Eßl. trockener Vermouth
1 Teel. Anissamen
Salz
weißer Pfeffer, frisch gemahlen
1 Eßl. Butter
1 kleine Zwiebel
2 Handvoll Kerbel (etwa 50 g)
1 mittelgroße Kartoffel
100 g Sahne

Für Gäste

Pro Portion etwa:
1200 kJ/290 kcal
17 g Eiweiß · 21 g Fett
7 g Kohlenhydrate

- Zubereitungszeit: etwa 1 Stunde

1. Die Lachsfilets von der Mittelgräte schneiden, die Haut abziehen. Die Filets zugedeckt kühl stellen.

2. Die Haut und die Gräten mit 1/2 l Gemüsebrühe, dem kleingeschnittenen Suppengemüse, dem Vermouth und den Anissamen aufkochen, dann etwa 15 Minuten bei schwacher Hitze sieden lassen.

3. Die Brühe durch ein Sieb gießen, mit Salz und Pfeffer würzen. Die Butter erhitzen, die Zwiebel fein hacken, von dem Kerbel einige Blättchen zum Garnieren beiseite legen, den Rest kleinschneiden, die Zwiebel und die gehackten Kerbelblättchen in der Butter andünsten.

4. Die Kartoffel schälen und in kleine Würfelchen schneiden, zu den Zwiebeln geben, die Brühe aufgießen. Etwa 20 Minuten bei schwacher Hitze köcheln lassen.

5. Die Sahne halb steif schlagen. Die Suppe mit dem Pürierstab glattmixen. Die Sahne unterrühren.

6. Das Lachsfilet in Streifen schneiden und in die Suppe geben, nachwürzen. Den Fisch nur heiß werden lassen. Mit den restlichen Kerbelblättchen garnieren und servieren.

Gurkencremesuppe

Zutaten für 4 Personen:
3/4 l Fleischbrühe (selbst gekocht
oder aus Brühwürfeln)
1 große Salatgurke
2 Eßl. Butterschmalz
2 Eßl. Mehl
2 Eigelbe
100 g Sahne
3–4 Tropfen Tabasco
Salz
Pfeffer, frisch gemahlen
2 Bund Dill

Ganz einfach

Pro Portion etwa:
810 kJ/190 kcal
4 g Eiweiß · 17 g Fett
7 g Kohlenhydrate

- Zubereitungszeit: etwa 20 Minuten

1. Die Fleischbrühe erhitzen. Die Gurke schälen, längs halbieren und die Kerne mit einem Teelöffel auskratzen. Das Gurkenfleisch würfeln. Das Butterschmalz erhitzen, die Gurken darin glasig dünsten.

2. Das Mehl darüber stäuben, unterrühren. Die heiße Fleischbrühe aufgießen, etwa 5 Minuten köcheln lassen.

3. Die Eigelbe mit der Sahne verrühren, die Suppe damit legieren (erhitzen, aber nicht kochen lassen). Mit dem Tabasco, Salz und Pfeffer abschmecken.

4. Den Dill fein schneiden, vor dem Servieren über die Suppe streuen.

Im Bild hinten: Gurkencremesuppe
Im Bild vorne: Kerbelsuppe mit Lachs

Russische Fleischsuppe

Zutaten für 4 Personen:
400 g Suppenfleisch
350 g Rinderknochen
1 Zwiebel
2 Eßl. Butterschmalz
Salz · 2 Lorbeerblätter
2 getrocknete Chilischoten
4 Möhren (etwa 200 g)
1 kleine Stange Lauch
500 g großblättriger Spinat
50 g Sauerampfer
3 Eßl. Tomatenmark
2 Eßl. Mehl
schwarzer Pfeffer, frisch gemahlen
2 Bund Dill
200 g saure Sahne

Gelingt leicht

Pro Portion etwa:
1600 kJ/380 kcal
24 g Eiweiß · 27 g Fett
10 g Kohlenhydrate

- Zubereitungszeit: etwa 2 Stunden

1. Das Suppenfleisch und die Knochen abspülen. Die Zwiebel in Streifen schneiden. 1 Eßlöffel von dem Butterschmalz erhitzen und die Zwiebel darin rösten. Das Fleisch und die Knochen dazugeben, 1 1/2 l Salzwasser aufgießen, die Lorbeerblätter und die Chilischoten dazugeben, aufkochen lassen, bei schwacher Hitze etwa 1 Stunde kochen.

2. Die Möhren schälen, einmal längs und einmal quer halbieren. Den Lauch putzen, in breite Streifen schneiden, mitgaren.

3. Die Spinatblätter von den Stielen streifen. Den Sauerampfer verlesen. In einem flachen Topf das restliche Butterschmalz erhitzen, den Spinat darin etwa 2 Minuten aufkochen, in die Suppe geben.

4. Das Fleisch aus der Brühe nehmen, in Streifen schneiden. Wieder in die Suppe geben. Die Knochen entfernen.

5. Das Tomatenmark und das Mehl mit 100 ml Wasser verrühren. In die Suppe rühren, aufkochen. Mit Salz und Pfeffer abschmecken. Den Sauerampfer einrühren.

6. Den Dill fein hacken. Die saure Sahne mit einer Gabel cremig rühren. Die Suppe in Teller verteilen. Jeweils mit einem Löffel Sahne und dem gehackten Dill garnieren.

Okroschka

Kalte russische Sommersuppe.

Zutaten für 4 Personen:
100 g braune Egerlinge
200 ml Steinpilz-Brühe (aus Hefeextrakt, Reformhaus)
4 Salz-Dillgurken
100 g gekochte rote Bete (eventuell aus dem Glas)
200 g gegartes Hähnchenbrustfilet
je 1 Bund Schnittlauch, Petersilie und Dill
200 g saure Sahne
1/2 l Brottrunk (Bioladen, Reformhaus)
Salz · Pfeffer, frisch gemahlen

Erfrischend

Pro Portion etwa:
570 kJ/140 kcal
16 g Eiweiß · 6 g Fett
5 g Kohlenhydrate

- Zubereitungszeit: etwa 30 Minuten

1. Die Egerlinge in Scheiben schneiden, die Steinpilz-Brühe erhitzen und die Pilze darin etwa 5 Minuten garen, dann abkühlen lassen.

2. Die Salzgurken und die roten Bete in 1/2 cm dicke Streifen schneiden. Dann die Hähnchenbrustfilets in dünne Streifen schneiden.

3. Den Schnittlauch, die Petersilie und den Dill fein schneiden. Die saure Sahne mit der Pilzbrühe verquirlen, nach und nach den Brottrunk unterrühren. Dann mit etwas Salz und Pfeffer abschmecken.

4. Das Gemüse und das Fleisch in eine Terrine geben, die Kräuter und die Sahne-Brühe unterrühren, eisgekühlt servieren.

Bild oben: Russische Fleischsuppe
Bild unten: Okroschka

Gemüsesuppe »Querbeet«

Wenn es früher im Garten die zarten Gemüse in reicher Auswahl gab, wurde samstags ein großer Topf mit Suppe daraus gekocht. Das Fleisch gab es dann aber erst sonntags, meist mit einer Meerrettichsauce.

Zutaten für 4–6 Personen:
4 Suppenknochen (Sandknochen, eventuell auch ein Markknochen dabei)
750 g Rindfleisch (Bug)
2 Zwiebeln
Salz
5 Pfefferkörner
1 Lorbeerblatt
500 g Möhren
1 kleine Sellerieknolle (mit Grün)
1–2 Stangen Lauch (je nach Dicke)
1 Kohlrabi
250 g grüne Bohnen
250 g frische (oder tiefgekühlte) Erbsen (ausgepalt gewogen)
4 Tomaten
1 Zweig Liebstöckel (»Maggikraut«)
schwarzer Pfeffer, frisch gemahlen
Muskat, frisch gerieben
1 Bund Petersilie

Gelingt leicht

Bei 6 Personen pro Portion etwa:
2800 kJ/670 kcal
52 g Eiweiß · 23 g Fett
62 g Kohlenhydrate

• Zubereitungszeit: etwa 2 3/4 Stunden (davon 45 Minuten Arbeitszeit)

1. Die Knochen und das Fleisch kalt abspülen, in einen großen Topf legen. Die Zwiebeln schälen, halbieren und mit der Schnittfläche direkt auf der Herdplatte oder auf einem geölten Stück Alufolie dunkelbraun rösten, zum Fleisch legen. Etwa 2 l Wasser aufgießen, salzen, die Pfefferkörner und das Lorbeerblatt dazugeben.

2. Ohne Deckel zum Kochen bringen, den dunklen Schaum mit einem Schaumlöffel abschöpfen. Erst dann den Deckel auflegen und bei ganz schwacher Hitze etwa 2 Stunden köcheln.

3. Das Gemüse waschen und putzen, das Wurzelgemüse schälen und das gesamte Gemüse in etwa 2 cm große Würfel schneiden.

4. Von den Tomaten wurde früher nur der grüne Strunk ausgeschnitten, die Früchte geviertelt und dazugegeben. Da man heute keine aufgerollten Häute mehr in der Suppe haben möchte, werden die Tomaten sekundenlang mit kochendem Wasser überbrüht, enthäutet und geviertelt (dabei den Strunk ausschneiden).

5. 3 Stengel von dem Selleriegrün quer halbieren und mit dem Gemüse und dem Liebstöckelzweig zum Fleisch geben. Zugedeckt noch etwa 45 Minuten bei schwacher Hitze garen.

6. Danach die Sellerie- und die Liebstöckelblätter aus der Brühe fischen und wegwerfen. Mit Salz, frisch gemahlenem Pfeffer und etwas Muskatnuß abschmecken.

7. Nach Belieben einen Teil des Fleisches in schmale Streifen schneiden und in die Suppe geben. Die Petersilie waschen, trockenschütteln und fein hacken. Die Suppe in Teller verteilen und mit der Petersilie bestreuen.

Tips!

Wenn es Großmutter besonders gut meinte, verquirlte sie erst in jedem Teller ein Eigelb mit etwas Muskat, wenig Brühe und reichlich Petersilie und schöpfte dann die kochendheiße Suppe darüber, so daß das Eigelb zu kleinen Flöckchen gerann.
Was vom Suppenfleisch übrig blieb, wurde kalt in Streifen geschnitten, mit gehackter Zwiebel (oder Zwiebelschlotten, das sind die grünen Triebe samt den kleinen Zwiebeln im Frühjahr – Sie können statt dessen Frühlingszwiebeln nehmen), gewürfelter Essiggurke, gehackten Kapern, Senf, Essig und Öl und natürlich viel gehackter Petersilie als Salat angemacht.

Alles, was der Garten so bietet, steckt in dieser köstlichen Suppe nach »Großmutters Rezept«.

Crespelle mit Gemüse

Italienische Pfannkuchen mit einer Gemüse-Kräuterfüllung werden mit Tomatensauce und Käse überbacken.

Zutaten für 4 Personen:
80 g Mehl
200 ml Milch
2 Eier
Salz
2 Eßl. Sonnenblumenöl
1 Zwiebel
2 Möhren (etwa 200 g)
1 große Fenchelknolle (etwa 250 g)
100 g Crème fraîche
150 g Quark, (20% Fett)
75 g Sauerampfer
75 g Parmesan, frisch gerieben
Pfeffer, frisch gemahlen
1 Dose Pizza-Tomaten (200 g)
1 Bund Basilikum
1 Bund Thymian
etwas Öl für die Pfanne
Fett für die Form

Raffiniert

Pro Portion etwa:
2100 kJ/500 kcal
24 g Eiweiß · 32 g Fett
27 g Kohlenhydrate

- Zubereitungszeit: etwa 1 Stunde

1. Das Mehl mit der Milch verquirlen, dann die Eier, eine Prise Salz und 1/2 Eßlöffel von dem Öl unterrühren, etwa 15 Minuten quellen lassen.

2. Inzwischen die Zwiebel, die Möhren und die Fenchelknolle sehr fein würfeln. In einem mittelgroßen Topf in 1/2 Eßlöffel von dem Öl andünsten.

3. Die Crème fraîche einrühren und fast einkochen lassen. Den Topf vom Herd nehmen, den Quark einrühren. Den Sauerampfer entstielen, die Blätter hacken und mit der Hälfte des geriebenen Parmesans unter das Gemüse mischen. Mit Salz und Pfeffer abschmecken.

4. Den Backofen auf 220° vorheizen. Eine beschichtete Pfanne mit Öl ausstreichen, aus dem Teig nacheinander 4 dünne Pfannkuchen (Crespelle) backen, sie sollen nur wenig bräunen. Fertige Pfannkuchen auf Küchenpapier legen und abkühlen lassen.

5. Auf jeden Pfannkuchen ein Viertel der Gemüsemischung geben und aufrollen. Eine flache Auflaufform mit Fett ausstreichen, die Crespelle nebeneinander hineinlegen.

6. Die Pizza-Tomaten erhitzen. Die Blättchen von Basilikum und Thymian einrühren, mit wenig Salz und Pfeffer abschmecken. Die Mischung über die Crespelle streichen und mit dem restlichen Parmesan bestreuen.

7. Die Crespelle im Backofen (Mitte) etwa 15 Minuten überbacken, bis der Käse leicht gebräunt ist. Mit einem grünen Salat servieren.

Tip!

Zur Füllung der Crespelle gibt es in Italien eine Vielzahl von Rezepten. Beliebt ist eine Kombination aus in Butter gedünsteten Champignons und kurz gedünstetem Spinat (je etwa 200 g, geputzt gewogen). Darunter werden 250 g Ricotta (Frischkäse), ein Ei und 3 Eßlöffel angeröstete Pinienkerne gemischt.
Ehe die Crespelle mit Käse bestreut werden, können Sie auf die Tomatensauce ganze Salbeiblättchen legen. Zum Überbacken eignen sich auch trockene, geriebene Käsereste, dann aber noch einige Butterflöckchen obenauf setzen.

Diese Pfannkuchen mit der köstlichen Kräuterfüllung schmecken nach mehr, deshalb am besten gleich die doppelte Menge zubereiten – wie auf dem Foto rechts.

Lauchkuchen mit Kräutern

Dieser dicke Schaumpfannkuchen ergibt mit einem gemischten Salat ein leichtes Mittagessen.

Zutaten für 4 Personen:
3 Stangen Lauch (etwa 750 g)
2–3 Eßl. Butter
4 Eier
1 Eßl. Mehl
1 Bund gemischte Kräuter (Petersilie, Thymian, Rosmarin, Salbei)
Salz
Pfeffer, frisch gemahlen
Muskat, frisch gerieben

Preiswert

Pro Portion etwa:
1100 kJ/260 kcal
16 g Eiweiß · 18 g Fett
6 g Kohlenhydrate

- Zubereitungszeit: etwa 30 Minuten

Tip!

Die grünen Lauchabschnitte können Sie gut für eine Fleischbrühe verwenden. Oder Sie garen sie, ganz feinnudelig geschnitten, in einem Gemüsetopf mit.

1. Vom Lauch die dunkelgrünen Blatteile entfernen, die hellen Stangen längs aufschneiden, gründlich unter fließendem Wasser waschen, in Halbringe schneiden.

2. 2 Eßlöffel von der Butter in einer großen Pfanne erhitzen, den Lauch darin ausbreiten und bei mäßiger Hitze dünsten. Dabei darauf achten, daß die Ringe nicht braun werden.

3. Die Eier trennen, die Eiweiße steif schlagen. Die Eigelbe mit dem Mehl mischen. Die Kräuter waschen, trockenschütteln, fein hacken und unterrühren. Mit wenig Salz, reichlich Pfeffer und Muskat würzen. Dann den Eischnee unterheben.

4. Den Eierschaum über den Lauch gießen und bei mäßiger Hitze stocken lassen. Den Schaumpfannkuchen in vier Stücke teilen, die Viertel wenden und noch kurz auf der zweiten Seite braten (eventuell noch etwas Butter dazugeben). Mit Salat servieren.

Artischocken im Kräutersud

Artischocken auf die leichte Art: Nicht mit fetter Mayonnaise, sondern in einem warmen Kräuterfond serviert, der nach Provence duftet.

Zutaten für 4 Personen:
4 große Artischocken
1 unbehandelte Zitrone
Salz · 2 Tomaten
3 Schalotten oder 1 mittelgroße Zwiebel · 2 Knoblauchzehen
4 Eßl. Olivenöl
200 ml trockener Weißwein
200 ml Kalbsfond (aus dem Glas)
1 Bund gemischte Provence-Kräuter (Basilikum, Oregano, Thymian, Rosmarin, Salbei)
1 Teel. Lavendelblüten (frisch oder getrocknet)
weißer Pfeffer, frisch gemahlen

Für Gäste

Pro Portion etwa:
720 kJ/170 kcal
3 g Eiweiß · 10 g Fett
10 g Kohlenhydrate

- Zubereitungszeit: etwa 50 Minuten

Tip!

Als Vorspeise eignen sich besonders die großen Artischocken, die etwa ab September aus der Bretagne zu uns kommen. Artischocken gelten als bewährtes Naturheilmittel, das die Gallenproduktion fördert und erhöhten Cholesterinwerten vorbeugt.

1. Die Artischocken auf ein Brett legen, mit der Handkante (wie beim Karate) den Stiel abschlagen (die Fasern werden dadurch aus dem Boden entfernt). Die Zitrone auspressen. Die Artischocken in Salzwasser und 2 Eßlöffeln von dem Zitronensaft, zugedeckt etwa 45 Minuten bei schwacher Hitze kochen.

2. Für den Fond die Tomaten überbrühen, häuten, entkernen und würfeln. Die Schalotten und den Knoblauch fein würfeln. 2 Eßlöffel von dem Olivenöl in einem Topf erhitzen und die Schalotten und den Knoblauch darin andünsten, ohne zu bräunen. Den Weißwein aufgießen.

3. Von der Zitrone einige Schalenstreifen dünn abschneiden, mit dem restlichen Saft und dem Kalbsfond dazugeben, etwas einkochen. Die Kräuter ohne die harten Stiele fein hacken, mit dem Lavendel und den Tomaten zum Fond geben. Mit Salz und Pfeffer abschmecken.

4. Die Artischocken umgedreht abtropfen lassen, auf Teller geben. Das restliche Olivenöl unter die Sauce quirlen, die Artischocken mit der Sauce umgießen.

Spargel mit Krabben und Kräutern

Zutaten für 4 Personen:
1,5 kg Spargel
Salz · Zucker
1 Zwiebel
1 Eßl. Butter
2 gehäufte Eßl. Erdnußcreme (mit gerösteten Stückchen drin)
150 g Schmand oder Crème fraîche
1 Bund Petersilie
1 Bund Dill
250 g geschälte Krabben oder Tiefseegarnelen
Pfeffer, frisch gemahlen

Raffiniert

Pro Portion etwa:
1400 kJ/330 kcal
20 g Eiweiß · 24 g Fett
10 g Kohlenhydrate

- Zubereitungszeit: etwa 45 Minuten

1. Den Spargel vom Kopf nach unten schälen. Die Schalen heiß abwaschen und in einer großen Pfanne (mit Deckel) ausbreiten. 1/2 l Wasser angießen, salzen und mit einer Prise Zucker abschmekken. Aufkochen, den Spargel darauf legen und zugedeckt 15 Minuten im Dampf garen.

2. Inzwischen die Zwiebel hacken. Die Butter in einer Pfanne erhitzen, die Zwiebel darin andünsten, ohne daß sie Farbe annimmt.

3. Den Spargel im Backofen warmhalten. 1/4 l Spargelsud abmessen, mit der Erdnußbutter und dem Schmand zur gedünsteten Zwiebel geben. Etwas einkochen lassen.

4. Die Kräuter hacken und mit den Krabben in die Sauce rühren, mit Salz und Pfeffer abschmecken. Über die Spargelstangen gießen.

Wirsingauflauf

Zutaten für 4 Personen:
750 g vorwiegend festkochende Kartoffeln
Salz
1 Wirsing (etwa 900 g)
2 Zwiebeln
2 Knoblauchzehen
3 Eßl. Butterschmalz
3 Eßl. Mehl
500 ml Milch
6 Tomaten
2 Bund Basilikum
100 g Gorgonzola oder Roquefort
Pfeffer, frisch gemahlen
Muskat, frisch gerieben
2 Eier
Fett für die Form

Braucht etwas Zeit

Pro Portion etwa:
2000 kJ/480 kcal
23 g Eiweiß · 22 g Fett
41 g Kohlenhydrate

- Zubereitungszeit: etwa 1 1/4 Stunden

1. Die Kartoffeln schälen, grob würfeln und in 1/2 l Salzwasser etwa 5 Minuten garen. Den Wirsing in Streifen schneiden, zu den Kartoffelwürfeln geben und noch etwa 10 Minuten zugedeckt garen.

2. Inzwischen die Zwiebeln und den Knoblauch würfeln. Das Butterschmalz in einer Pfanne erhitzen, die Zwiebeln und den Knoblauch darin anbraten. Das Mehl darüber stäuben, durchrühren und die Milch angießen. Die Kartoffeln und den Wirsing abgießen, die Kochbrühe auffangen. 200 ml davon abmessen.

3. Die Kochbrühe in die Sauce rühren. Die Tomaten überbrühen, häuten und würfeln. Eine mittelhohe Auflaufform ausbuttern. Das Basilikum hacken. Den Backofen auf 220° vorheizen.

4. Die Kartoffeln und den Wirsing mit den Tomatenwürfeln und dem Basilikum mischen. In die Form füllen. In der Sauce den Käse schmelzen lassen, mit Salz, Pfeffer und Muskat abschmecken. Etwas abkühlen lassen, dann die Eier unterrühren und alles über das Gemüse gießen.

5. Den Auflauf im Backofen (Mitte) etwa 30 Minuten überbacken. Mit Salat servieren.

Im Bild hinten: Wirsingauflauf
Im Bild vorne:
Spargel mit Krabben und Kräutern

Fischteller mit Kräutersauce

Ein Fischgericht vom Feinsten: Seelachskoteletts, Lotte-Medaillons und halbierte Riesengarnelen, dazu eine Buttersauce mit Kräutern und Knoblauch-Spinat.

Zutaten für 4 Personen:
500 g Spinat
2 Knoblauchzehen
2 Eßl. Traubenkernöl
400 g Seelachs- oder Kabeljaukoteletts
Saft von 1/2 Zitrone
Salz
Pfeffer, frisch gemahlen
200 g Lotte-Filet
6 rohe große Hummerkrabben (Riesengarnelen, etwa 300 g)
7 Eßl. Butter
2 Bund Dill
1 Bund Schnittlauch
4 Schalotten oder 1 Zwiebel
1/4 l Weißwein
1/4 l Gemüsebrühe
1 Teel. türkische Paprikapaste (ersatzweise Tomatenmark und Cayennepfeffer)
Muskat, frisch gerieben

Für Gäste

Pro Portion etwa:
1600 kJ/380 kcal
35 g Eiweiß · 21 g Fett
5 g Kohlenhydrate

- Zubereitungszeit: etwa 45 Minuten

1. Den Spinat putzen, den Knoblauch fein würfeln. In einer Pfanne 1 Eßlöffel von dem Öl erhitzen und den Knoblauch darin andünsten, den Spinat tropfnaß dazugeben, etwa 3 Minuten dünsten. Abtropfen lassen, im Backofen bei 70° warmhalten.

2. Die Seelachskoteletts mit dem Zitronensaft beträufeln, salzen und pfeffern, dann beiseite stellen.

3. Die Lotte zu Medaillons schneiden: Das Filet in Scheiben schneiden, dabei beim ersten Schnitt nicht völlig durchtrennen, erst beim zweiten Schnitt eine Scheibe abschneiden. Die nicht ganz durchgeschnittenen Scheiben wie ein Schmetterlingssteak aufklappen und mit der flachen Seite der Messerklinge leicht klopfen. Die Scheiben auf beiden Seiten pfeffern und salzen.

4. Die Hummerkrabben mit einem scharfen Messer längs durch den Panzer aufschneiden, die Hälften aufklappen und den dunklen Darm entfernen. Leicht salzen und pfeffern.

5. In einer Pfanne 2 Eßlöffel von der Butter und 1 Eßlöffel von dem Öl erhitzen. Den Seelachs, die Lotte-Medaillons und die Hummerkrabben darin jeweils etwa 5 Minuten von jeder Seite braten. Aus der Pfanne nehmen und im Backofen bei 70° warmhalten.

6. Den Dill und den Schnittlauch fein schneiden. Die Schalotten sehr fein würfeln.

7. Die Schalotten im Bratfett dünsten. Den Weißwein und die Brühe aufgießen und zur Hälfte einkochen lassen. Die Paprikapaste und die restliche Butter in kleinen Stücken einquirlen, aufkochen lassen. Die gehackten Kräuter einrühren, die Sauce mit Salz und Pfeffer abschmecken.

8. Den Fisch und die Hummerkrabben auf vorgewärmten Tellern anrichten, mit der Sauce übergießen. Den Knoblauchspinat mit Salz und einer Prise Muskat würzen, jeweils eine Portion daneben geben.

Tips!

Die Fischsorten sind natürlich nur ein Vorschlag. Sehr gut passen für dieses Gericht auch Lachskoteletts, Seezungen- oder Schollenfilets und Jacobsmuscheln.
Wichtig ist die kurze Bratzeit, weil die Filets noch im Ofen nachziehen.
An Kräutern würden statt Schnittlauch auch gut Brunnenkresse, Sauerampfer, chinesischer Schnittlauch oder Knoblauchrauke passen.

Edler Fisch mit einer Sauce aus frischen Kräutern schmeckt zu jeder Gelegenheit.

Gegrillte Kräuter-Makrele

Auch Forellen sind für diese Zubereitung geeignet, schmekken aber weniger würzig.

Zutaten für 4 Personen:
60 g Butter
1 Bund gemischte Kräuter (Petersilie, Thymian, Salbei, Oregano)
1 unbehandelte Zitrone
Salz
weißer Pfeffer, frisch gemahlen
4 kleine Makrelen
4 Zweige Rosmarin

Gelingt leicht

Pro Portion etwa:
2000 kJ/480 kcal
38 g Eiweiß · 36 g Fett
1 g Kohlenhydrate

- Zubereitungszeit: etwa 30 Minuten

1. Die zimmerwarme Butter schaumig rühren. Die Kräuter ohne die groben Stiele fein hacken. Von der Zitrone die Schale abreiben, den Saft auspressen. Die Kräuter mit etwas von dem Saft und etwa 1 Teelöffel von der abgeriebenen Zitronenschale unter die Butter rühren. Mit Salz und Pfeffer würzen. Den Grill vorheizen.

2. Die Makrelen innen waschen, die Bauchhöhle leicht salzen und je einen Rosmarinzweig hineinlegen. Die Fische auf beiden Seiten bis auf die Gräten im Abstand von 3 cm einschneiden. Mit dem restlichen Zitronensaft beträufeln. Die Kräuterbutter in die Schnitte streichen.

3. Die Makrelen etwa 10 cm unter dem heißen Grill pro Seite 8–10 Minuten grillen. Mit Kartoffelsalat oder Salzkartoffeln und Gurkensalat servieren.

Tip!

Makrelen haben ein recht fettes Fleisch, deswegen eignen sie sich besonders gut zum Grillen. Allerdings müssen sie ganz frisch sein, was an der glänzenden Haut und den nicht eingefallenen Augen zu erkennen ist.

Schnecken mit Kräuterpüree

Zutaten für 4 Personen:
2 Dutzend Schnecken (Dose)
1 Handvoll Kerbel
1/2 Bund glatte Petersilie
1 Handvoll Sauerampferblätter (oder Spinat) · Salz
weißer Pfeffer, frisch gemahlen
4 Tropfen Tabasco · 150 g Butter

Für Gäste

Pro Portion etwa:
1300 kJ/310 kcal
3 g Eiweiß · 33 g Fett
0 g Kohlenhydrate

- Zubereitungszeit: etwa 30 Minuten

1. Die Schnecken in ein Sieb geben und mit lauwarmem Wasser überbrausen, abtropfen lassen und in 24 Schneckenhäuschen oder 4 Schneckenpfännchen verteilen. Den Backofen auf 220° vorheizen.

2. Die Kräuter entstielen und die Blätter im Mixer oder einem Mörser fein zerkleinern. Das Püree mit Salz, Pfeffer und dem Tabasco würzen. Mit einer Gabel unter die zimmerwarme Butter mischen.

3. Das Kräuterpüree auf die Schnecken streichen. Im Backofen (Mitte) 8–10 Minuten überbacken, bis die Butter kräftig aufschäumt. Heiß mit frischem Weißbrot servieren.

Im Bild hinten:
Gegrillte Kräuter-Makrele
Im Bild vorne:
Schnecken mit Kräuterpüree

Grüner Aal in Dillsauce

Aal und Dill, eine klassische Kombination.

Zutaten für 4 Personen:
1 kg frischer Aal
1/8 l Weißweinessig
1/4 l trockener Weißwein
1/4 l Gemüsebrühe (eventuell aus Würfeln bereitet)
Salz
1 Teel. weiße Pfefferkörner
2 Lorbeerblätter
2 Eßl. Mehl
2 Bund Dill
Saft von 1/2 Zitrone
2 Eigelb

Traditionell

Pro Portion etwa:
2700 kJ/640 kcal
31 g Eiweiß · 49 g Fett
9 g Kohlenhydrate

- Zubereitungszeit: etwa 45 Minuten

1. Den Aal putzen, waschen und in etwa 5 cm lange Stücke schneiden. Den Essig aufkochen lassen und über die Aalstücke gießen.

2. Den Weißwein und die Brühe mit etwas Salz, Pfefferkörnern und Lorbeerblättern aufkochen. Den Aal aus dem Essig nehmen und in dem Sud etwa 15 Minuten bei schwacher Hitze garen. Dann den Aal mit einem Schaumlöffel aus dem Sud nehmen und im Backofen warm stellen.

3. Das Mehl mit etwas kaltem Wasser glattrühren und in die Aalbrühe gießen, aufkochen lassen. Den Dill hacken und in die Sauce rühren. Den Aal in die Sauce geben und kurz ziehen lassen. Die Sauce mit Salz und dem Zitronensaft abschmecken.

4. Etwas von der Sauce abnehmen und mit den beiden Eigelben verquirlen. Langsam zur heißen Sauce gießen, aber nicht mehr kochen lassen. Den Aal mit Salzkartoffeln servieren.

Kräuter-Tintenfisch

Mit Kräutern gefüllt und gegrillt schmecken Tintenfische (Sepia) am besten.

Zutaten für 4 Personen:
4 große Tintenfische (Sepia, frisch oder tiefgekühlt, etwa 600 g)
2 Zwiebeln
3 Knoblauchzehen
2 Eßl. Olivenöl
1 Bund Petersilie
1 Bund gemischte Kräuter (Thymian, Salbei, Rosmarin, Selleriegrün, Basilikum)
1 dicke Scheibe Haselnuß-Vollkornbrot (etwa 100 g)
2–3 Eßl. Crème fraîche
1 Eßl. Anislikör (Pernod, Ricard)
Salz
weißer Pfeffer, frisch gemahlen
Muskat, frisch gerieben
Zahnstocher oder Küchengarn

Für Gäste

Pro Portion etwa:
960 kJ/230 kcal
18 g Eiweiß · 10 g Fett
14 g Kohlenhydrate

- Zubereitungszeit: etwa 45 Minuten

1. Von den Tintenfischen (tiefgekühlte über Nacht im Kühlschrank auftauen lassen) den Kopf mit Fangarmen drehend aus der Körperhülle ziehen. Die Fangarme abschneiden, die Innereien und den Kopf wegwerfen.

2. Aus den Tintenfischtuben den durchsichtigen Schulp entfernen. Die Körper innen waschen. Die Fangarme kleinschneiden. Die Zwiebeln und den Knoblauch fein würfeln. 1 Eßlöffel Öl erhitzen, die Zwiebeln und den Knoblauch darin anbraten, die Fangarme dazugeben. Die Kräuter fein hacken und untermischen.

3. Das Haselnußbrot grob reiben, mit der Crème fraîche unter die Kräutermischung rühren, mit dem Anislikör, Salz, Pfeffer und Muskat würzen. Die Masse in die Tintenfischkörper füllen, die Öffnung mit Zahnstochern zustecken oder mit Garn zunähen. Die Tintenfische von außen salzen und mit dem restlichen Olivenöl bestreichen.

4. Die Grillpfanne erhitzen und die Tintenfische rundum 10–12 Minuten grillen. Den Kräuter-Tintenfisch mit kleinen Kartöffelchen und gegrillten Tomaten servieren. Nach Belieben Zitronenachtel dazu reichen.

Gravlachs

Zutaten für 4 Personen:
1 kg frischer Lachs (Schwanzstück)
1 Teel. grober schwarzer Pfeffer
1 Teel. Koriander
1 Teel. Pimentkörner (Nelkenpfeffer)
3 Eßl. grobes Salz
3 Eßl. brauner Zucker (Rohrzucker)
2 Bund Dill
Für die Senfsauce:
1 Bund Dill
3 Eßl. Weißweinessig
100 g süßer Hausmachersenf
Salz
weißer Pfeffer, frisch gemahlen
Saft von 1/2 Zitrone

Für Gäste

Pro Portion etwa:
2000 kJ/480 kcal
42 g Eiweiß · 29 g Fett
13 g Kohlenhydrate

- Zubereitungszeit: etwa 45 Minuten
- Marinierzeit: 2 Tage

1. Das Lachsstück flach auf die Arbeitsfläche legen, vom Rücken her mit einem scharfen Messer entlang der Gräten zuerst das obere, dann das untere Filet von den Gräten schneiden. Die Flossen abschneiden. Die restlichen Gräten mit der Pinzette oder einer Zange entfernen.

2. Die Pfeffer-, die Koriander- und die Pimentkörner mit dem groben Salz in einem Mörser zerstampfen. Den Zucker untermischen.

3. Den Dill mit Küchenpapier abtupfen und dann fein hacken. Die Lachsseiten mit der Gewürzmischung bestreuen, auf eine den Dill häufen und die andere darüber decken. In einen festen Plastikbeutel packen, gut verschließen, dabei die Luft herausdrücken.

4. Den Plastikbeutel in eine Schale legen, mit einem Brett und einem Gewicht (Konservendose) beschweren, 24–48 Stunden im Kühlschrank ziehen lassen, dabei zweimal am Tag das Paket umdrehen und wieder beschweren.

5. Für die Sauce den Dill fein hacken, mit dem Essig, dem Senf, Salz und Pfeffer sowie dem Zitronensaft verrühren.

6. Den Lachs aus der Plastiktüte nehmen und mit Küchenpapier trockentupfen, dabei die Gewürze leicht abwischen. Mit einem scharfen Messer vom dickeren zum dünneren Teil hin in dünne Scheiben schneiden.

7. Mit der Dill-Senf-Sauce und Toastbrot servieren. Nach Belieben mit Dillzweigen und Zitronenscheiben garnieren.

Tips!

Wichtig ist, rechtzeitig mit dem Marinieren zu beginnen. »Gravlachs« bedeutet übrigens »vergrabener Lachs« und erinnert an die Zeit, als es noch keinen Kühlschrank gab: Der frisch gefangene Lachs wurde mit den (gleichzeitig »garenden« und konservierenden) Gewürzen im Erdreich bis zum Verzehr vergraben. Diese Art des Beizens erhält besonders schön die rötliche Farbe des Lachses.
Fürs Aufschneiden benötigen Sie ein flaches, sehr scharfes Messer (Lachsmesser) oder ein Elektromesser, mit dem sich dünne Scheiben abschneiden lassen, ohne daß das Fischfleisch zerfasert. Halten Sie das Messer ganz flach, um die Haut und das darauf sitzende Fett nicht anzuschneiden. Wichtig ist auch, vor dem Beizen alle Gräten sorgfältig zu entfernen.
Ohne Sauce paßt Gravlachs auch gut auf dunkles Roggenbrot. Dann mit einem Klacks Mayonnaise und Dill garnieren.

Mit Dill und Salz marinierter Lachs ist ideal für ein kaltes Büfett und selbst zubereitet viel preiswerter als gekauft.

Osso buco mit Gremolata

Kalbshaxe, auf italienische Art mit Tomaten würzig geschmort, bekommt ihren Extrapfiff durch die würzige Mischung aus gehackter Petersilie, Zitronenschale und Knoblauch.

Zutaten für 4 Personen:
4 Scheiben Kalbshaxe mit Knochen, etwa 5 cm dick geschnitten (1,5 kg)
Salz
weißer Pfeffer, frisch gemahlen
2 Möhren
1/2 Stange Lauch
2 Stangen Staudensellerie
2 Zwiebeln
4 Knoblauchzehen
1 Eßl. Mehl
3 Eßl. Olivenöl
150 ml Weißwein
250 ml Kalbsfond (aus dem Glas)
1 Bund Thymian
1 Bund Basilikum
750 g Tomaten
1 großes Bund Petersilie
1 unbehandelte Zitrone

Für Gäste

Pro Portion etwa:
1800 kJ/430 kcal
57 g Eiweiß · 13 g Fett
16 g Kohlenhydrate

- Zubereitungszeit: etwa 2 Stunden (davon 1 1/2 Stunden Schmorzeit)

1. Die Kalbshaxenscheiben mit Küchenpapier gut trocknen. Mit Salz und Pfeffer würzen.

2. Die Möhren, den Lauch und den Staudensellerie in feine Würfel schneiden. Die Zwiebeln und 1 Knoblauchzehe hacken. Die Kalbshaxen in dem Mehl wenden. In einer großen Pfanne das Olivenöl erhitzen und die Haxen auf beiden Seiten darin anbraten. Aus der Pfanne heben.

3. Das Gemüse im Restfett andünsten, aber nicht bräunen. Die Kalbshaxen wieder dazugeben, den Weißwein und den Kalbsfond angießen. Den Thymian und das Basilikum ohne die harten Stengel kleinschneiden und zum Gemüse geben. Mit Salz und Pfeffer würzen, zugedeckt bei schwacher Hitze etwa 1 1/2 Stunden schmoren.

4. Kurz vor Ende der Garzeit die Tomaten mit kochendem Wasser überbrühen, häuten, halbieren, die Stielansätze und die Kerne entfernen, kleinschneiden und zum Fleisch geben, eventuell noch etwas Wasser dazugießen.

5. Für die Gremolata die Petersilie fein hacken. Die Schale der Zitrone mit einem Zitrusschalenreißer abraspeln (oder hauchdünn mit einem Messer abschälen und dann ganz fein hacken). Die restlichen 3 Knoblauchzehen fein hacken. Mit der Zitronenschale und der Petersilie mischen.

6. Die Sauce ohne Deckel etwas einkochen, salzen, pfeffern. Die Kalbshaxenscheiben auf einer vorgewärmten Platte anrichten, mit der Tomatensauce umgeben und mit der Gremolata bestreut servieren. Dazu paßt körnig gekochter Reis oder Risotto.

Tip!

Für einen saftigen Risotto wird italienischer Rundkornreis (Avorio) mit einer gehackten Zwiebel und etwas Safran in 2 Eßlöffeln Öl glasig gebraten, mit kräftiger Gemüse- oder Fleischbrühe aufgegossen, bis die Flüssigkeit gerade über den Reiskörnern steht. Unter öfterem Rühren wird der Reis 20 Minuten gegart, dabei stets soviel Wasser nachgegossen, daß es gerade über den Reiskörnern steht. Nach etwa 20 Minuten probieren: Die Reiskörner sollen im Inneren noch einen ganz leichten Biß haben, dann sind sie richtig. Ein typisch italienischer Risotto ist eher »soßig« als locker. Nach Belieben kann er mit geriebenem Parmesan serviert werden. Mit Schinkenwürfeln, Erbsen und reichlich Parmesan können Sie einen Risotto zum eigenständigen Gericht machen.

Dieses köstliche italienische Gericht schmeckt mit der Kräuter-Zitronen-Mischung einfach super.

Bollito misto mit Kräutersauce

Typisch für dieses italienische Gericht: Verschiedene Fleischsorten werden gemeinsam in einem großen Topf gegart. Es ist für ein großes Essen ideal, denn die Zubereitung ist problemlos und Sie haben hinterher nur wenig Geschirr abzuspülen.

Zutaten für 6 Personen:
350 g Rindfleisch zum Kochen (Brustkern, Schulter)
350 g Kalbfleisch (Nuß)
1 kleines Brathähnchen (etwa 800 g)
1/2 geräucherte, gegarte Rinderzunge am Stück
2 Markknochen
2 Zwiebeln
2 Bund Petersilie
1 Bund Basilikum
2 Lorbeerblätter
1 Eßl. schwarze Pfefferkörner
2 Gewürznelken
3 Knoblauchzehen
Salz
500 g Möhren
1 Staudensellerie
2 Stangen Lauch
500 g Kartoffeln
2 Bund Schnittlauch
300 g Crème fraîche
300 g Vollmilch-Joghurt
3 Eßl. Mayonnaise
Cayennepfeffer
weißer Pfeffer, frisch gemahlen

Für Gäste
Gut vorzubereiten

Pro Portion etwa:
4800 kJ/1100 kcal
95 g Eiweiß · 68 g Fett
33 g Kohlenhydrate

- Zubereitungszeit: etwa 2 Stunden

1. Das Fleisch mit Küchenpapier trocknen, die Knochen abspülen und ebenfalls trocknen. Die Zwiebeln schälen, halbieren und auf der heißen Herdplatte dunkelbraun rösten.

2. Von der Petersilie und dem Basilikum die Blättchen abschneiden und beiseite legen, die harten Stiele kleinschneiden und mit den Lorbeerblättern, den Pfefferkörnern, den Nelken und den Knoblauchzehen in ein Mullbeutelchen packen.

3. Das Rind- und Kalbfleisch, die Knochen, die Zwiebeln und den Gewürzbeutel in einen großen Topf (etwa 10 l Inhalt) geben, kaltes Wasser aufgießen. Bei mittlerer Hitze ohne Deckel zum Kochen bringen. Den Schaum abschöpfen, mit 2–3 Eßlöffeln Salz würzen. Zugedeckt etwa 45 Minuten bei schwacher Hitze garen.

4. Inzwischen das Gemüse putzen, schälen und in sehr große Stücke schneiden, die Kartoffeln nur schälen und halbieren. Das Gemüse mit dem Hähnchen und der Zunge zum Fleisch geben, soviel Wasser nachgießen, bis auch das Gemüse bedeckt ist. Noch etwa 1 Stunde bei schwacher Hitze garen.

5. Für die Sauce die Petersilien- und Basilikumblättchen sowie den Schnittlauch fein schneiden. Die Crème fraîche mit dem Joghurt und der Mayonnaise verrühren, die Kräuter untermischen, mit Salz, Cayenne- und weißem Pfeffer abschmecken.

6. Den Gewürzbeutel und die Zwiebeln aus dem Topf nehmen und wegwerfen. Die Zunge herausnehmen, mit kaltem Wasser abschrecken und die zähe Haut abziehen. Das Fleisch in Scheiben beziehungsweise das Hähnchen in Portionsstücke schneiden und mit dem Gemüse auf einer großen Platte anrichten. Mit der heißen Brühe anfeuchten. Die Sauce in einer Sauciere extra dazu servieren.

Tips!

Wenn es beim Metzger keine gekochte Rinderzunge zu kaufen gibt, sollten Sie die frische Zunge in ungesalzenem Wasser gut 2 Stunden kochen. Dann die Zunge enthäuten und noch gut 1 Stunde in der Brühe mitgaren.
Reste dieses Gerichts können Sie zu einem würzigen Fleischsalat mit Kräutern, Essig, Öl und Mayonnaise verwenden.

Mit einer Sauce aus Petersilie und Basilikum bekommt dieses typisch italienische Fleischgericht ein delikates Aroma.

Kalbsklößchen auf grünem Reis

Zutaten für 2 Personen:
250 g Kalbshack
2 Eßl. Butter
20 g fetter Rückenspeck
2 kleine Zwiebeln
1 Knoblauchzehe · 1 Ei
1 Teel. abgeriebene Zitronenschale
Salz
weißer Pfeffer, frisch gemahlen
1/2 Tasse Fleischbrühe
1 Lorbeerblatt · 2 Nelken
3 Pimentkörner
1 Tasse Langkorn-Reis
50 g Parmesan oder alter Gouda
1 Bund gemischte Kräuter
1/2 Döschen Safran · 50 g Sahne

Gelingt leicht

Pro Portion etwa:
1500 kJ/360 kcal
25 g Eiweiß · 15 g Fett
30 g Kohlenhydrate

- Zubereitungszeit: etwa 45 Minuten

1. Das Kalbshack in eine Schüssel geben. 1 Eßlöffel Butter erhitzen. Den Speck, 1 Zwiebel und den Knoblauch sehr fein hacken, leicht anbraten, unter das Kalbshack mischen. Das Ei trennen, das Eiweiß unter das Hack rühren, mit der Zitronenschale, Salz und Pfeffer würzen. Aus der Masse walnußgroße Klößchen formen.

2. Die restliche Butter erhitzen, die Klößchen rundum anbraten, nicht bräunen. Die Brühe dazugießen. Die restliche Zwiebel vierteln und mit dem Lorbeerblatt, den Nelken und den Pimentkörnern dazugeben. Zugedeckt etwa 10 Minuten dünsten.

3. Den Reis in 2 Tassen Salzwasser etwa 20 Minuten kochen. Den Käse würfeln, von den Kräutern die Blättchen abzupfen. Beides im Mixer glatt pürieren.

4. Die Brühe absieben, den Safran darin auflösen. Die Sahne dazugießen, etwas einkochen. Das Eigelb einrühren, nicht mehr kochen. Mit Salz und Pfeffer abschmecken.

5. Den Reis abtropfen lassen und mit der Kräuter-Käse-Mischung mischen. Mit den Klößchen auf einer Platte mit der Safransauce übergießen.

Surf & Turf mit Kräutern

Zutaten für 4 Personen:
8 kleine Rinderfilet-Steaks
2 Eßl. Olivenöl
Salz · Pfeffer, frisch gemahlen
2 Knoblauchzehen
300 g Riesen-Garnelen
6 Tomaten
6 Eßl. Rum, ersatzweise Wasser
1 Zwiebel
2 Bund gemischte Kräuter
150 g Mascarpone (Frischkäse)
3–7 Tropfen Tabasco

Etwas teurer

Pro Portion etwa:
1700 kJ/400 kcal
31 g Eiweiß · 25 g Fett
7 g Kohlenhydrate

- Zubereitungszeit: etwa 45 Minuten

1. Die Steaks mit etwas von dem Öl einreiben. 1 Eßlöffel von dem Olivenöl in einer Pfanne erhitzen, die Steaks auf jeder Seite etwa 3 Minuten scharf anbraten, in eine flache Gratinierform legen, salzen und pfeffern. Den Knoblauch zerdrücken. Im Restöl die Riesen-Garnelen mit dem Knoblauch anbraten, salzen und pfeffern, herausnehmen.

2. Den Backofen auf 225° vorheizen. 2 von den Tomaten in dicke Scheiben schneiden, auf die Filets verteilen. Die übrigen Tomaten halbieren, mit den Garnelen um die Filets herumlegen. Den Bratfond in der Pfanne mit dem Rum loskochen, über die Steaks träufeln.

3. Die Zwiebel und die Blättchen von den Kräutern sehr fein hacken. Unter den Mascarpone rühren, mit Salz, Pfeffer und dem Tabasco würzen. Auf die Steaks, die Garnelen und die Tomaten häufen. Im Backofen (Mitte) etwa 15 Minuten gratinieren, bis die Oberfläche braun wird. Dazu Reis servieren.

Bild oben:
Kalbsklößchen auf grünem Reis
Bild unten: Surf & Turf mit Kräutern

Grüne Sauce

Leider gibt es viele Rezepte, die mit der ursprünglichen Frankfurter Sauce nichts mehr zu tun haben. Dieses stammt aus Großmutters handgeschriebenem Kochbuch.

Zutaten für 4 Personen:
2 hartgekochte Eier
2 Eigelbe
2 Eßl. Senf
8 Eßl. Olivenöl
2 Eßl. Weißweinessig
250 g saure Sahne
100 g fein gehackte Kräuter
(Petersilie, Schnittlauch, Kerbel,
Pimpinelle, Sauerampfer, Borretsch,
Brunnenkresse)
Salz
Pfeffer, frisch gemahlen

Gelingt leicht

Pro Portion etwa:
1600 kJ/380 kcal
11 g Eiweiß · 36 g Fett
3 g Kohlenhydrate

- Zubereitungszeit: etwa 30 Minuten

1. Die hartgekochten Eier schälen, halbieren und fein hacken. Die rohen Eigelbe mit dem Senf gut verrühren.

2. Das Öl und den Essig tropfenweise mit dem Schneebesen einrühren.

3. Die feingehackten hartgekochten Eier dazugeben. Die saure Sahne und die gehackten Kräuter dazugeben und verrühren. Mit Salz und Pfeffer abschmecken.

Tip!

Diese Sauce (damals auch »Beiguß« genannt) wird zu gekochtem Rindfleisch oder zu hartgekochten Eiern und Pellkartoffeln serviert.

Kräuter-Soleier

Auch mal ein nettes Geschenk aus der eigenen Küche.

Zutaten für 4 Personen:
8–10 Eier
3 gehäufte Eßl. grobes Meersalz
1 Zwiebel
1 frische rote Peperoni
1 Eßl. Korianderkörner
1 Eßl. Senfkörner
1/2 Eßl. schwarze Pfefferkörner
2 Lorbeerblätter
1 großer Bund Petersilie
je 2 Zweige Thymian und Oregano

Gelingt leicht

Pro Portion etwa:
1700 kJ/400 kcal
33 g Eiweiß · 29 g Fett
3 g Kohlenhydrate

- Zubereitungszeit: etwa 30 Minuten (dazu 24 Stunden Marinierzeit)

1. Die Eier anpicken und etwa 7 Minuten kochen. Kalt abschrecken, abkühlen lassen. Die Schale auf einer harten Unterlage leicht rundum anschlagen, damit die Salzlake nachher eindringen kann.

2. In einem Topf 3/4 l Wasser mit Meersalz aufkochen. Die Zwiebel in Scheiben schneiden, die Peperoni längs halbieren, die Kerne entfernen. Beides mit den Gewürzkörnern und den Lorbeerblättern in das Salzwasser geben, etwa 5 Minuten kochen lassen.

3. Die Kräuter mit den Stielen klein hacken und im Sud einmal aufkochen lassen. Die Eier in ein Glas schichten, mit der etwas abgekühlten Salzlake übergießen. Die Zwiebeln und die Peperoni dekorativ darin verteilen. Die Soleier zugedeckt mindestens 24 Stunden ziehen lassen.

Tip!

Die Eier nicht länger als 8 Minuten kochen, sonst bekommen die Dotter einen blaugrünen Rand. Das verändert zwar nicht den Geschmack, sieht aber weniger schön aus.

Im Bild hinten: Kräuter-Soleier
Im Bild vorne: Grüne Sauce

Pissaladière

Zutaten für 4 Personen:
500 g Weizenmehl
1 Päckchen Trocken-Backhefe
Salz · 6–8 Eßl. Olivenöl
700 g vollreife Tomaten
2 Zwiebeln
6–8 Knoblauchzehen
schwarzer Pfeffer, frisch gemahlen
12 Anchovis oder Sardellenfilets
24 schwarze Oliven
2 Bund provenzalische Kräuter
(Thymian, Rosmarin, Oregano,
Salbei, Basilikum, 1 Zweig Lavendel)
Öl für das Backblech

Preiswert

Pro Portion etwa:
3200 kJ/760 kcal
18 g Eiweiß · 29 g Fett
110 g Kohlenhydrate

- Zubereitungszeit: etwa 1 Stunde

1. Das Mehl mit der Trocken-Backhefe und etwa 1 Teelöffel Salz mischen. 300 ml lauwarmes Wasser und 1 Eßlöffel von dem Olivenöl einrühren, gründlich durchkneten und kurz gehen lassen.

2. Die Tomaten mit kochendem Wasser überbrühen, häuten, die Stielansätze entfernen, entkernen und in Würfel schneiden. Die Zwiebeln und den Knoblauch fein hacken und in 2 Eßlöffeln von dem Olivenöl andünsten. Die Tomaten dazugeben und ohne Deckel in etwa 20 Minuten dick einkochen lassen. Mit Salz und Pfeffer würzen, abkühlen lassen.

3. Den Backofen auf 250° vorheizen. Ein Backblech mit Öl ausfetten. Den Teig auf dem Backblech mit den Händen zu einem flachen Fladen auseinanderdrücken, dabei die Oberfläche mit etwas von dem Olivenöl beträufeln, damit der Teig nicht klebt.

4. Die Tomatensauce auf die Teigplatte streichen. Die Anchovis abspülen und gitterförmig darauf anordnen. Dazwischen die Oliven verteilen. Die Kräuter hacken und darüber streuen, alles gleichmäßig mit dem restlichen Olivenöl beträufeln.

5. Das Blech in den Backofen (Mitte) schieben und die Pissaladière 15–18 Minuten backen, bis der Teigrand gut gebräunt ist. Dann sofort, eventuell mit einem frischen Salat aus verschiedenen Blattsalaten servieren.

Kräuter-brötchen

Zutaten für etwa 12 Brötchen:
1 Würfel Hefe · 1 Teel. Zucker
100 g Weizenmehl (Type 1050)
400 g Weizenmehl (Type 550)
2 Teel. Salz
1 Bund gemischte Kräuter
(Petersilie, Thymian, Dill,
Oregano, Salbei, Basilikum)
2 Eßl. Milch
1 Teel. Instant-Kaffeepulver
Mehl zum Kneten und Bestreuen

Braucht etwas Zeit

Pro Portion etwa:
1900 kJ/450 kcal
15 g Eiweiß · 2 g Fett
90 g Kohlenhydrate

- Zubereitungszeit: etwa 2 Stunden (davon 1 Stunde 15 Minuten Ruhezeit)

1. Die Hefe mit dem Zucker und genau 70 ml warmem Wasser anrühren. Die beiden Mehlsorten mit dem Salz mischen, die Hefelösung und noch 200 ml warmes Wasser dazugießen, verrühren und gründlich kneten. In einer Schüssel zugedeckt etwa 30 Minuten gehen lassen.

2. Die Blättchen der Kräuter fein hacken. Die Kräuter unter den Teig mischen und mit bemehlten Händen nochmals kräftig durchkneten. Zu 12 runden Brötchen formen, die Oberfläche kreuzförmig einschneiden, auf einem gut bemehlten Backblech mit einem Küchentuch bedeckt etwa 45 Minuten gehen lassen. Nach etwa 30 Minuten den Backofen auf 220° vorheizen, eine Schale mit Wasser auf den Ofenboden stellen.

3. Die Milch mit dem Instant-Kaffee verrühren und die Oberfläche der Brötchen damit bepinseln.

4. Im Backofen (Mitte) etwa 15 Minuten backen. Auf einem Kuchengitter unter einem Küchentuch abkühlen lassen.

Im Bild hinten: Pissaladière
Im Bild vorne: Kräuterbrötchen

Zum Gebrauch

Damit Sie Rezepte mit bestimmten Zutaten noch schneller finden können, stehen in diesem Register zusätzlich auch beliebte Zutaten wie die wichtigsten Kräuter – ebenfalls alphabetisch geordnet und halbfett gedruckt – über den entsprechenden Rezepten.

IMPRESSUM

Umschlag-Vorderseite:
Das Rezept für die köstliche Grüne Sauce finden Sie auf Seite 58.

Bis zur 2. Aufl. u. d. Titel:
Hess, Reinhardt: Mit Kräutern

Redaktion:
Claudia Bruckmann-Bräunig
Layout: Ludwig Kaiser
Herstellung: Ina Hochbach
Fotos: Odette Teubner
Dorothee Gödert
Umschlaggestaltung:
Heinz Kraxenberger
Satz: Computersatz Wirth, Regensburg
Reproduktionen:
Fotolitho Longo, Bozen
Druck und Bindung:
Druckhaus Kaufmann, Lahr

ISBN 3-7742-1501-4

Auflage	7.	6.	5.	4.	3.
Jahr	1999	98	97	96	95

Reinhardt Hess
wurde nach dem Germanistik- und Geographiestudium Redakteur bei der größten deutschen Kochzeitschrift, schrieb Kochbücher, entwickelte eine Reihe von Rezeptbroschüren und war freier Mitarbeiter einer Weinzeitschrift. Seit 1986 ist er Autor des Gräfe und Unzer Verlages.

Odette Teubner
wurde durch ihren Vater, den international bekannten Food-Fotografen Christian Teubner, ausgebildet. Heute arbeitet sie ausschließlich im Studio für Lebensmittelfotografie Teubner. In ihrer Freizeit ist sie begeisterte Kinderporträtistin – mit dem eigenen Sohn als Modell.

Dorothee Gödert
arbeitete nach ihrer Ausbildung zur Fotografin zunächst im Bereich Stillife- und Interieurfotografie. Nach einem Aufenthalt in Princeton/USA spezialisierte sie sich auf Food-Fotografie. Sie war bei namhaften Food-Fotografen tätig. Seit April 1988 fotografiert sie im Fotostudio Teubner.